Reshad Feild

Unterwegs nach Hause

Unterwegs nach Hause

Jede Reise beginnt mit einer Frage

Autobiografische Trilogie
Dritter Teil

Aus dem Englischen von
Stefan Bommer

Chalice Verlag

Die englische Originalausgabe erschien
1996 bei Element Books, Shaftesbury, Dorset, England
unter dem Titel *Going Home*

Die deutsche Erstausgabe erschien
1997 im Wolfgang Krüger Verlag, Frankfurt am Main
unter dem Titel *Jede Reise beginnt mit einer Frage*

Überarbeitete deutsche Neuausgabe

Buchgestaltung: Robert Cathomas
Herstellung: BoD - Books on Demand, Norderstedt
Printed in Germany

ISBN 978-3-942914-13-0

Meinen drei Söhnen
Robin, Oran und John-Joseph
sowie allen wahrhaft Suchenden
gewidmet

Inhalt

Vorwort 9
Warum diesen Weg gehen? 11

Feuer im Regen 13
Vancouver 16
Geh nie nach Hause 21
Mexiko 24
Eindrücke als Nahrung 30
Der Koch aus Afghanistan 31
Die Hopis 34
Der Alchimist 38
Wille 45
Eine Reise außerhalb der Zeit 47
Fréjus 55
Das verborgene Kloster 59
Ein Halt an der Straße 62
Die Welt des Herzens 66
Das Hochzeitsgeschenk 67
Die zwei Scheriffs und die Sauce Béarnaise 71
Lebe wohl, Sedona 74
Bäumepflanzen in Texas 76
Das Blaue Haus 80
Der Papagei 85

Zeit 89

Der Zigeunerkorb 89

Ein Dorf in Spanien 94

Drei Fragen 96

Roben 105

Treu sein im Leben 109

Der Schwarze Christus 109

Der Scheich 113

Parachute Pam 118

Der Labrador 123

Ich bin ein Liebender 125

Der Flötenmacher 126

Der Bär und der Fluss 135

Black Crow 138

Die Weisheit der Eingeborenen 144

Die Abalone-Muschel 151

Die Pfeife 152

Der Hafen 156

Unterwegs nach Hause 158

Epilog 159

Vorwort

IN VIELERLEI HINSICHT IST DAS LEBEN, WIE WIR ES KENNEN, aus einer Reihe von Mustern geschaffen, die im Gedächtnis gründen. Alles ist miteinander verwoben. Wir sind mit unserem Planeten Erde und, so sagen uns die modernen Physiker, in den feinstofflichen Reichen sogar untereinander verbunden. Wir sind verbunden mit all den verschiedenen Welten, die in der einen Welt der Einheit existieren.

Ich wurde gebeten, ein Buch über das zu schreiben, was mit mir geschah, nachdem mich mein Lehrer aus meiner Heimat England ins Ausland geschickt hatte, um dort zu arbeiten. Ich hielt es für angebracht, eine Anzahl von ausnahmslos wahren Geschichten zu erzählen, um so die Trilogie zu vollenden, die mit *Die letzte Schranke* und *Wissen, dass wir geliebt sind* begann. Vielleicht illustrieren diese Geschichten das Muster der Reise eines Mannes, wie er auf dem Weg der Wahrheit wandert.

Es gibt Hunderte von Geschichten aus meinem Leben, an die ich mich erinnere. Es war also schwierig, diejenigen auszuwählen, die in dieses Buch Eingang finden sollten. Ich habe Kapitel zusammengestellt, die Lektionen widerspiegeln sollen, welche ich im Lauf der Jahre gelernt habe. Ich schreibe in Bildern und lasse den Leser hoffentlich ohne definitive Antwort zurück, sondern mit einer ewigen Frage – mit derselben Frage, die das Blut dazu bringt, in unseren Adern zu fließen. Schließlich gibt es keine Antworten, es gibt nur immer reinere Fragen.

Ich habe England 1973 verlassen, um in Kanada, den Vereinigten Staaten und Mexiko zu arbeiten. Es war eine lange und manchmal mühsame Reise. Ich bin einer der *Fahrenden* und war ständig unterwegs. Nie blieb ich sehr lange an einem Ort. Ich blieb in Bewegung und gab die Botschaft weiter, dass es eine Lebensweise gibt, die nicht davon abhängig ist, sich selbst, anderen oder gar dem Leben als solchem Vorwürfe zu machen.

Vor acht Jahren kehrte ich nach Europa zurück. Seither habe ich vor allem in der Schweiz gelebt und gearbeitet, aber ich reiste weiterhin nach Deutschland, den Niederlanden, Österreich, Spanien und in viele andere Länder. Es gibt ein Haus mit Aussicht über den Vierwaldstättersee, das *Johanneshof* genannt wird. Ursprünglich war es im Besitz eines russischen Herzogs, der mit einer Deutschen verheiratet war. Nachdem sie gestorben waren, stand die Liegenschaft viele Jahre lang leer und verlassen. Als ich das Anwesen zum ersten Mal sah, war es in einem vernachlässigten und reparaturbedürftigen Zustand. Ich ging ein großes Risiko ein, und es zahlte sich aus. Ich entschied, dass es meine Aufgabe sei, die ursprüngliche Schönheit des Hauses und der Gärten wiederherzustellen und es nach getaner Arbeit den Schweizern zurückzugeben.

Das war ein wunderbares Experiment für alle daran Beteiligten. Geld wurde für die Renovierung des Hauses gespendet, und viele von uns gaben ihre Zeit und ihre Talente, damit dieses Abenteuer funktionierte. Nun spiegeln das Haus, die Gärten und die gesamte Umgebung die Schönheit und Harmonie wider, die sie anfänglich besaßen, als das Haus erbaut wurde. Vielleicht sind die Tage meines Reisens vorüber, und es ist endlich die Zeit gekommen, mich niederzulassen.

Mögen diese Geschichten Sie inspirieren, Sie zum Lachen oder gar zum Weinen bringen. Erinnern Sie sich immer daran, dass auch eine Reise von tausend Meilen mit einem Schritt beginnt.

Kastanienbaum, Luzern, 1996

Warum diesen Weg gehen?

Eines Tages,
als ich den Weg der Wahrheit ging,
kam Herrlichkeit zu mir, und ich verschwand,
aber ich ging weiter.
Ich wanderte auf einem Pfad, der so lang war,
dass mir schien, er nähme kein Ende.
Ich fragte:
Warum diesen Weg gehen?
Zu welchem Ende singe ich
und gehe
und tanze
den Weg des Lebens?
Im Bruchteil eines Augenblicks der Zeit
kam die Zukunft in mein Herz,
weil ich mein Herz hingegeben hatte.
Wem?
Dem Weitergehen,
ja, dem Weitergehen.
Es war einmal,
da kam Schönheit zu mir,
als ich sehr jung war.
Geh nicht und versuche, Schönheit zu finden.
Lass sie in dich eingehen.
Und wenn die Zeit reif ist,
wirst du etwas haben, was du geben kannst.
Warum?

Weil Liebe die Bewegung von Schönheit ist.
Verstehe die Worte nicht falsch.
Lass uns in unserem Herzen
den Klang von Schönheit hören.

Feuer im Regen

VOR VIELEN JAHREN WURDE ICH EINGELADEN, IN ENGLAND ein Zentrum aufzubauen. Wir fanden ein vollständig verwahrlostes Landgut, und in wenig mehr als einem Jahr restaurierten wir es zu seiner früheren Schönheit. Wir wollten es dem Verständnis der Universellen Liebe weihen, die über alle Auffassungen von Religion und über alle Begriffe von Form hinausgeht.

Für die Eröffnungszeremonie wollte ich ein ganz besonderes Bauwerk errichten. Ich arbeitete mit Designern und Architekten zusammen, die in der Lage waren, meine Vision zu verstehen. Ich wollte eine Kuppel schaffen, die ich einmal »Derwischzelt« genannt habe – einen Bau, der fast über Nacht wieder abgebrochen werden konnte und damit der Weisheit der Unbeständigkeit entsprach. Wir entwarfen das Gebäude so, dass es hundert Menschen Platz bot und die Seiten der Kuppel wie Flügel hochgehoben werden konnten. Wie dem auch sei, sie musste von neun Säulen getragen werden – neun ist die Zahl der Vollendung –, doch stand uns kein genügend starkes Holz zur Verfügung, das ein Bauwerk von annähernd fünfzehn Metern Höhe hätte tragen können. So versammelte ich ein paar Freunde und sagte: »Geht und findet eine Eiche.«

Die Eiche ist in England sehr wichtig, weil sie einen Aspekt von Mut und Ausdauer darstellt, der den meisten von uns innewohnt. Sie suchten überall nach einem solchen Stamm. Drei Wochen später fanden sie im Süden Englands eine riesige Eiche, die über zwanzig Jahre lang gelagert worden war. Während dieser ganzen Zeit war sie gereift, und es war, als hätte sie nur auf den ihr angemessenen Platz in einer heiligen Anlage gewartet.

Meine Freunde brachten sie zu unserem Landgut, und wir sägten mit großer Liebe die neun Stücke für die Kuppel. Jedes Teil hatte neun Seiten, und die Säulen wurden flach an die Stelle gelegt, wo die Kuppel gebaut werden sollte. Jede Person, die in das Zentrum kam, wurde eingeladen, als eine Form lebendiger Meditation an den Säulen zu arbeiten, das Holz zuzuschneiden, abzuschmirgeln oder zu polieren. Hunderte von Leuten arbeiteten an diesen

Swyre Farm, Aldsworth, England

Holzstücken, bevor sie Teil der Kuppel wurden. Danach schufen wir mit der gleichen Intensität und Aufmerksamkeit einen schönen Boden. Dann richteten wir die Kuppel auf.

Als wir das Gebäude vollendet hatten, lud ich Vertreter aller wichtigen Religionen zur Eröffnungszeremonie ein. Sie kamen alle – zwei Rabbiner, mehrere christliche Priester, tibetische Buddhisten, Druiden, ein oder zwei Taoisten. Aus welcher Tradition auch immer, alle erschienen sie!

Am Tag der Zeremonie war das Wetter das, was wir »englisches Wetter« nennen. Es goss in Strömen! Ein Zoroastrier, ein junger Mann namens Dorias, der mit uns im Zentrum lebte, teilte mir mit, er müsse draußen auf dem offenen Gelände ein Feuer machen! Stellen Sie sich zwanzig Leute mit ihren Regenschirmen vor, die alle in einem Unwetter umherstolperten, das ihnen den Regen in die Augen peitschte, während Dorias zwei trockene Zweige aneinander rieb und versuchte, im Regen Feuer zu machen. Alle taten ihr Möglichstes, um ihm zu helfen. Sie knieten unter der Mauer meines privaten Gartens, beteten und beschützten ihn mit den Regenschirmen, bis, oh Wunder, ein Feuer entstand.

Dorias trug dann sein Feuer in einem mit trockenem Gras gefüllten Topf in die große Kuppel. Über zweihundert Leute waren versammelt, als er auf unserem Altar die Kerze anzündete, die das Licht symbolisierte. Wir hatten uns versammelt, um zu beten und uns dem Einen Ursprung zuzuwenden.

Am Ende der Zeremonie hielten wir uns alle an den Händen und liebten bedingungslos den Schöpfer, als jemand ankündigte, der Bus nach Schottland müsse sofort losfahren. Ich bat Dorias, eine weitere Kerze für die schottische Gruppe anzuzünden, und sie nahmen sie mit. Diese Kerze brannte den ganzen Weg bis nach Edinburgh! Die Flamme wurde von Kerze zu Kerze weitergereicht, und es würde mich nicht überraschen, wenn sie noch immer brennt.

Ungefähr zwei Jahre nach der Zeremonie verließ ich dieses Zentrum, und seither war ich immer unterwegs. Ich habe viele Orte in der Welt bereist und trage die Flamme der Liebe und das Feuer der Wahrheit, wohin auch immer ich gehe.

Vancouver

ALS ICH ENGLAND 1973 VERLIESS, NACHDEM ICH EINIGE JAHRE mit meinem Lehrer verbracht hatte, dachten viele Leute, ich sei aus dem Kreis hinausgeworfen worden. Tatsache ist, dass ich England mit dem Segen meines Lehrers verließ. Um seine Privatsphäre zu wahren, gab ich ihm in den ersten beiden Bänden dieser autobiografischen Trilogie [*Die letzte Schranke* und *Wissen, dass wir geliebt sind*] den Namen Hamid. In Wirklichkeit hieß er Bulent Rauf. Das Folgende schrieb er im September 1973 in einem Brief an mich:

Lieber Reshad,

good-bye zu sagen, heißt, Gott sei mit dir. Das ist Er zwar immer, doch dies ist eine Erinnerung daran, dass man sich der Begleitung durch Ihn bewusst sein und alle seine Handlungen mit Seinem Wunsch in Einklang bringen soll. Mit anderen Worten, es ist eine Ermahnung, sich Seinem Willen anzuvertrauen, so dass jedes persönliche Lenken, Streben und Handeln in vollständiger Übereinstimmung mit Seinem Plan erfolgt.

Ein Beshara zu gründen, ist Teil Seines Plans, und wenn du dir das stets vor Augen hältst, wird Er dir dein Unterfangen erleichtern. Du wurdest dazu erwählt, Sein Werk für Ihn zu tun; sicher ist dir damit eine große Wohltat zuteil geworden. Deine Rolle der Dankbarkeit liegt in diesem Fall darin, deine persönlichen Interessen den Seinen hintanzustellen, deine eigene Wahl in Übereinstimmung mit der Seinen zu treffen und deine persönlichen Beweggründe in vollständige Harmonie mit den Seinen zu bringen – dann sind dir leichter Erfolg und Sieg gewiss. Wie es bei jedem vollkommenen Triumph der Fall sein sollte, wird dieser dann Ihm, dir und Vancouver förderlich sein.

Sag den Menschen in Vancouver und Kanada, dass der Mensch, welcher ein vollständiges Abbild Gottes ist, wenn er sich dieser Tatsache bewusst ist, ewig mit Ihm – Dessen

Abbild sie sind – verbunden ist. Sie wurden nicht als ein Haufen richtungslos umhergetriebener Roboter erschaffen, ohne Führung, verantwortungslos und ihrer Unechtheit überlassen, umhergeworfen von den Wogen des Schicksals, die der Konsequenz ihrer eigenen Handlungen entspringen – einer Konsequenz, deren Kontrolle ihren Händen entglitten ist. Ralph Waldo Emerson sagt: »Wehe dem, der sich vom Schicksal betrügen lässt.« Die Menschen jedoch nehmen dieses Schicksal, mit seiner Ebbe und seiner Flut, als Anlass zur Selbstzufriedenheit und sehen darin ein Geburtsrecht, das keinerlei Verpflichtung mit sich bringt. Sie vergessen, dass jedes Recht eine Pflicht einschließt. Dieses zum Menschsein gehörende Pflichtbewusstsein wachzurufen, ist deine Aufgabe – und sie ist schwierig. Sie kann nur mit einem bestimmten Wissen erfüllt werden, das unweigerlich zur Liebe führt. Es ist die Erkenntnis seiner selbst. Sich selbst zu kennen, heißt sicher, Ihn zu kennen, Dessen Abbild der Mensch ist. Denn Erfüllung bedeutet, das Bild und den Gegenstand dieses Bildes zu vereinen; und vollständige Erfüllung ist nur in Liebe möglich.

Sag ihnen, dass, wenn sie mit Vorbehalten, mit Vorurteilen, mit egozentrischer und sich selbst schützender Engstirnigkeit und Bigotterie zu dir kommen, es besser für sie ist, wegzubleiben und geeignete beschränkte Formen und Dogmen zu finden, die ihrer Selbstgerechtigkeit schmeicheln. Denn unser Weg ist das genaue Gegenteil davon. Wir geben das Selbst, das wir genährt haben, für eine Universelle Wahrheit auf, welche die Matrix unseres wahren Selbsts ist. Denn diejenigen unter uns, die sich mit dir auf diesen Weg gemacht haben, haben entdeckt, dass unser Selbst nie wieder zufrieden und erfüllt sein kann, außer in jener Vereinigung mit der Universellen Wahrheit. Wenn sie sich dieser Freude oder Erkenntnis hingeben wollen, dann führe sie zu Ihm. Und daher: Gottes Glück auf deiner Reise und *good-bye.* Wisse, dass ein Teil von uns allen mit dir ist, wo immer du hingehst, zusammen mit all unseren Gebeten für ein Gelingen deines Unterfangens und aller Liebe, Seiner wie auch unserer. Möge Er dir in Seiner allumfassenden Barmherzigkeit Gnade verleihen, deine Aufgabe erleichtern und dich beschützen. Gott sei mit dir.

BULENT

Bulent Rauf (»Hamid«)

Als ich in Kanada ankam, war ich bereits angewiesen worden, eine Gruppe aufzubauen, die einen besonderen Text studieren sollte, den mein Lehrer zusammengestellt hatte und der auf den Lehren des großen Mystikers Muhyiddin Ibn Arabi aus dem dreizehnten Jahrhundert gründet. Ich war nie zuvor in Vancouver gewesen und kannte niemanden in Kanada. Wo sollte ich beginnen? Ein junger amerikanischer Freund ging mir voran. Er hatte das Zentrum besucht, das ich in England geleitet hatte. Ich bat ihn, einen Ort zu finden, wo wir leben könnten. Er traf einen Kanadier, der schon bestimmte esoterische Lehren studiert hatte, und die beiden fanden eine kleine Wohnung. Sie war wirklich sehr eng, und wir mussten alle drei zusammen darin leben. Ich hatte zumindest ein Bett, während die anderen beiden so freundlich waren, auf dem Boden zu schlafen.

Ein paar Wochen lang erkundeten wir Vancouver und versuchten, uns an die von England so verschiedene Kultur zu gewöhnen. Wir entschieden uns, in der Stadt einige kleine Plakate aufzuhängen, die einen Vortrag von mir ankündigten. Zu meiner Überraschung war der große Vortragssaal fast voll, als wir ankamen. Da waren viele unbeschriebene Gesichter in der Menge, und ich erinnere mich daran, wie ich versuchte, auf Kanadisch zu denken!

Ich hielt meinen Vortrag in Geschichtenform mit so viel Humor, wie ich aufbieten konnte, und es gelang mir zu übermitteln, weswegen ich dorthin geschickt worden war. Ich wollte die Dinge absichtlich schwierig machen und kündigte deshalb an, dass ich in unserer winzigen Wohnung während der nächsten drei Wochen jeden Morgen um fünf Uhr dreißig Unterweisungen geben würde. Nach dieser Ankündigung gab es eine Art erschütterter Stille. Ich wusste, dass nur die richtigen Leute kommen würden, im besten Fall vielleicht sechs oder sieben. Dann nahm ich meine Gitarre und schloss den Abend mit einem Lied ab, wie ich das bei diesen Vorträgen häufig tue, um mein Publikum in einem entspannten Geisteszustand zu entlassen.

Am Tag der ersten Unterweisung standen wir sehr früh auf. Ich hatte denjenigen, die kommen würden, ein leichtes Frühstück am Ende der Unterweisung versprochen. Um fünf Uhr dreißig klopfte es an der Tür. Zu meiner erneuten Überraschung standen etwa dreißig Leute draußen. Die Mehrheit von ihnen sagte vergnügt: »Unser Lehrer hat uns geschickt!«

Da wurde ich ein wenig bleich, weil die Wohnung so klein war. Wie auch immer, nachdem ich im Nahen Osten bei Derwischen gelebt hatte, wusste ich, dass man sich sehr klein machen kann, wenn man zusammenrückt und auf dem Boden sitzt. So hieß ich sie willkommen, und tatsächlich saßen wir alle sehr eng beieinander. Ich erzählte ihnen einige Witze, um die Atmosphäre aufzulockern. Dann reichte ich ihnen den Text, den mein Lehrer mir gegeben hatte, und sagte ihnen, wie wir ihn studieren würden.

Ich teilte ihnen mit, dass keine Kommentare abgegeben und keine Erklärungen angeboten würden. Jede Person würde einfach einen oder zwei Sätze lesen und dann den Text im Uhrzeigersinn von Person zu Person weitergeben. Diese Art war neu für sie, aber sie schienen sich geradewegs hineinzustürzen. Wie sich zeigte, war die erste Stunde ein Erfolg. Dann gab es Croissants und Kaffee.

Nachdem sie gegangen waren, sprach ich mit meinen beiden Freunden und fragte sie, ob sie irgendeine Ahnung hätten, woher diese Leute gekommen seien. Einer von ihnen meinte: »Ich bin nicht sicher, aber ich weiß, dass sie heute morgen um zwei Uhr aufstehen mussten, um rechtzeitig hier anzukommen.«

Am Ende der nächsten Unterweisung fragte ich eine der Frauen, woher sie und ihre Freunde gekommen seien.

»Unser Lehrer hat uns geschickt«, erwiderte sie.

Ich fragte nach: »Aber woher kommen Sie?«

»Wir kommen aus den Vereinigten Staaten, etwas südlich von Seattle«, antwortete sie.

»Und wie lange dauert die Fahrt?«, fragte ich. »Ungefähr drei Stunden«, erwiderte sie.

»Du lieber Himmel!«, sagte ich, »welch eine erstaunliche Aufgabe! Nun, das nenne ich Wille und Ausdauer!«

Ich war wirklich verblüfft. Ich fragte mich, ob wohl alle Amerikaner so hoch motiviert seien.

Eines Morgens sagte eine Frau in der Gruppe: »Unser Lehrer will Sie treffen. Er ist sehr krank.« Natürlich bin ich bereit, alles fallen zu lassen, wenn die Möglichkeit besteht, jemandem zu helfen. Also fragte ich, wo er lebe. »Er ist in Kalifornien«, erwiderte sie.

Wir hatten eben den Studienkurs in Vancouver beendet, und so flog ich sofort nach Kalifornien, um zu schauen, ob ich diesem rätselhaften Mann, der sich E.J. nannte, würde helfen können. Sein Haus lag weit weg vom Ozean, hoch oben in den Bergen. Als ich ankam, wurde ich von einigen Leuten begrüßt, die in seinem

Haus lebten. Sie boten mir sehr freundlich Tee an, während ich darauf wartete, an sein Krankenbett geführt zu werden. Plötzlich erschien E.J. im Zimmer und brach sofort in schallendes Gelächter aus! Dies ärgerte mich sehr, schließlich war ich gerade tausend Meilen gereist, weil ich gedacht hatte, er sei krank.

Er sagte: »Reshad, ich wusste, dass ich Sie irgendwie hierherbringen muss.«

Ich beklagte mich: »Aber ich meinte, Sie wären schwer krank.«

Er antwortete grinsend: »Ja, das habe ich gesagt, aber das bedeutet nicht, dass es auch wahr ist, nicht wahr?«

So begegnete ich E.J. Die Geschichte unserer Beziehung könnte allein ein ganzes Buch füllen. Er ist einer der bemerkenswertesten Menschen, denen ich je begegnet bin, und durch ihn begann sich der nächste Schritt meiner Reise zu entfalten.

Geh nie nach Hause

ALS ICH VOM OST-WEST-ZENTRUM IN LOS ANGELES EINGEladen wurde, einen Vortrag zu halten, bat ich E.J., mir zu helfen. Aber er weigerte sich kategorisch.

»E.J.«, insistierte ich, »warum treten wir nicht gemeinsam auf?«

»Niemals, Reshad«, erwiderte er.

»Schau, ich werde nur etwa vierzig Minuten sprechen. Komm bitte danach.« Er gab keine Antwort.

Als ich im Vortragssaal ankam, war der so brechend voll, dass ich kaum zur Bühne gelangen konnte. Ich halte nicht gerne öffentliche Vorträge. Und so fühlte ich mich recht klein. Zuvor hatte ich darüber meditiert, was ich an diesem Abend sagen sollte, und die Worte, die mir in den Sinn kamen, waren: »Geh nie nach Hause.« Also ging meine Rede von der Idee aus, dass wir uns von unseren Vorstellungen entfernen müssen hin zu etwas, was unser wahres Potenzial ist.

Ich kam auf die Bühne und stand vor all diesen Leuten, die mich anstarrten, als sei ich eine Art Guru oder Erlöser. Ich erinnerte mich selbst daran, dass ich vierzig Minuten lang sprechen würde

E.J. Gold

und dass alles, was ich sagen wollte, in diese Zeitspanne hineinpassen müsste. Zweiundzwanzig Minuten später sprach ich zu einem faszinierten Publikum – einem Publikum, das unter Strom stand. Wir waren alle miteinander verbunden.

Dann marschierten aus dem Nichts fünf Nonnen in den Saal. An der Farbe ihrer Roben erkannte ich, dass sie Franziskanerinnen waren. Meine Intuition sagte mir aber, dass diese Frauen keine Nonnen waren! Alle boten ihnen Sitzplätze an. Sie lehnten es ab, sich hinzusetzen, und kamen den Gang herunter genau auf die Bühne zu. Dann hielten sie inne, standen einfach nur da und starrten mich an. Mir brach der Schweiß aus, und ich spürte, wie etwas geschah, was meiner Kontrolle vollständig entzogen war. Eine der Nonnen stand direkt vor mir, hob ihren Rock hoch und lächelte. Unter ihren braunen und weißen Roben hatte sie ein tragbares Aufnahmegerät versteckt. »Oh, mein Gott!«, dachte ich, »was geschieht hier?« Dann traf es mich wie ein Schlag! Ich realisierte, dass zwei der Nonnen meine eigenen Schülerinnen waren. Ich musste weitermachen!

Das Publikum hatte nicht gesehen, wie eine der Schwestern ihren Rock gehoben hatte, und es schien sehr davon beeindruckt zu sein, dass fünf Nonnen mit solchem Respekt vor mir standen. Ich stellte fest, dass die anderen drei Frauen Schülerinnen von E.J. waren. Der Saal war gerammelt voll mit Leuten jeden Alters und von verschiedenster Herkunft.

Plötzlich kamen zwölf Novizinnen des Ordens zu meiner Linken hereinmarschiert. Sie waren ganz in Weiß gekleidet. Nun war das Publikum vollständig überwältigt. Da standen an der Wand mir gegenüber fünf franziskanische Nonnen aufgereiht und zwölf Novizinnen an der anderen Wand. Sie alle weigerten sich, einen Sitzplatz anzunehmen. Sie waren alle meine Schülerinnen. »Mein Gott, Liz, du bist es! Marguerite, das bist du!«

Als ich meine Fassung wiedergefunden hatte und mit dem Vortrag weitermachte, ereignete sich ein weiterer Schock. Aus dem Hintergrund des Saales erschien nun etwas, was offensichtlich ein roter Kardinal aus dem Vatikan sein sollte, gefolgt von einem Jungen, der ein Weihrauchfass schwang. Der Kardinal war scharlachrot gekleidet mit einem riesigen Amethyst an seinem Zeigefinger. Er kam zur Bühne, blieb direkt vor mir stehen und gab mir seinen Segen. Sie können sich vorstellen, was das Publikum zu diesem Zeitpunkt empfand.

Ich hatte mich darauf eingestellt, dass mein Vortrag nach genau vierzig Minuten abgeschlossen sein würde. Am Ende sagte ich: »Ich danke Ihnen allen ganz herzlich. Der Abend ist nun vorüber, und es ist Zeit, nach Hause zu gehen.«

Kaum hatte ich das gesagt, öffnete sich mit einem Knall die Tür des Notausgangs, und ein Verrückter stürmte auf die Bühne und schrie: »Aaaaah!!!« Es war E.J. Sein Kopf war kahl rasiert, und er trug grüne Roben. Er hielt mitten auf der Bühne an und schrie: »Geht niemals nach Hause!« Das Publikum wurde absolut still, als E.J. seine Rede hielt. E.J. und ich, wir waren am Ende des Abends gemeinsam auf der Bühne. Der Schock war für alle so intensiv und das Gefühl der Liebe so tief, dass ich Zweifel habe, ob sich irgendjemand von uns je davon erholt hat.

»Geh nie nach Hause!« – Was bedeutet das wirklich? Es ist sehr einfach. »Geh nie nach Hause« erinnert uns daran, dass wir früher oder später, wenn wir Sinn und Zweck des Lebens wirklich verstehen wollen, die reaktiven Muster aufgeben müssen, die unser Leben bis dahin bestimmt haben. Nur dann können wir weitergehen.

Hat nicht Jesus seinen Jüngern gesagt, sie sollten alles zurücklassen? Sicher hat er nicht gemeint, wir sollten den Respekt für unsere Eltern, unsere Brüder und Schwestern verlieren. Und doch, wir müssen den Mut haben, weiterzugehen in eine unbekannte Welt. Das ist eine Welt, die nicht nur die Welt der Möglichkeit enthält, sondern auch die Welt der Freiheit – Freiheit von Illusion, Freiheit in Wissen und Freiheit für die kommende Welt.

Mexiko

E.J. UND ICH SCHMIEDETEN EINEN PLAN, MIT EINER GRUPPE von Leuten zu arbeiten und ihnen zu helfen, eine vollständig andere Lebensweise zu erlernen und dabei dennoch ganz »normal« zu erscheinen. Ihnen sollte ein Wissen gegeben werden, das ihren Kindern und Kindeskindern zum Wohle gereichen und auch eine ganz besondere Nahrung für die gegenseitige Erhaltung des Planeten zur Verfügung stellen würde.

Wir sagen: »Wissen wird gegeben und nicht erworben.« Das gegebene Wissen sollte nicht nur den betroffenen Individuen nützen, es sollte auch helfen, das Bewusstsein der Menschheit und des Planeten als Ganzem zu entwickeln. Wir nennen dies »das Werk der beschleunigten Transformation«. Unser Plan bestand darin, in Kanada, Kalifornien und sogar Mexiko Gruppen aufzubauen.

Mein Lehrer hatte einmal gesagt, das Werk müsse nach Kanada und Mexiko gebracht werden. Ich fragte ihn warum. Er schaute mich an mit Augen wie tiefes, stehendes Wasser in einem fließenden Fluss. Dann hob er beide Hände und streckte die Zeigefinger in die Luft. Er schaute mich weiterhin an, während die beiden Finger sich zueinander hin bewegten, bis sich die Fingerspitzen berührten. Er blickte den einen Finger an und sagte: »Vancouver.« Dann blickte er auf den anderen Finger und sagte: »Mexiko.« Dann verschränkte er die beiden Finger ineinander und bedeutete damit, dass der nächste Schritt darin bestünde, die beiden unterschiedlichen Kulturen miteinander zu verbinden, um dabei zu helfen, das zu schaffen, was wir »die unsichtbare Matrix« nennen.

Die Arbeit in Kanada und Kalifornien ging gut voran, aber es dauerte lange, bis wir die mexikanische Unternehmung zum Laufen brachten. Ich hatte eine sehr starke Gruppe in Kanada, und wir hatten uns weit außerhalb der Stadt sogar etwas Land gekauft. Ich hatte damit begonnen, einen Teil meiner Zeit in Kanada und einen Teil in Los Angeles zu verbringen, wo ich ein Zentrum unter dem Namen Institut für Bewusstes Leben gründete.

Einer meiner Söhne wurde sogar dort während eines Seminars geboren. Ich gab ihm den Namen Oran, was im Gälischen »Lied des Universums« bedeutet. Als er geboren wurde, waren wir gerade mit einer Unterweisung beschäftigt. Ich sagte allen, sie sollten weitermachen, und ging nach oben in unsere Wohnung, um bei der Geburt zu helfen. Oran kam unter bestimmten Gesängen in diese Welt, die für seine Mutter sehr beruhigend waren und für ihn auch ermutigend. Als der Säugling gewaschen und in ein weiches Baumwolltuch gehüllt war, nahm ich ihn mit nach unten, stellte ihn allen dort Versammelten vor, und alle begrüßten das neugeborene Kind glücklich. Dann brachte ich ihn zurück nach oben zu seiner Mutter, und wir machten mit dem Seminar weiter. So ist das mit dem Werk.

Einige Zeit später ging ich zu E.J., um über Mexiko zu sprechen. Ich erläuterte, dass ich niemanden kannte, der bereit gewe-

In den frühen 1970er Jahren

sen wäre, einen Teil seines Lebens zu opfern, um dieses Unterfangen zu beginnen. Ich hatte Mexiko selbst nie besucht und verfügte dort über keine wirklichen Kontakte. »Was soll ich tun?«, fragte ich.

E.J. erwiderte: »Ich habe einen Freund, der kennt Mexiko wie seine Westentasche. Ich werde ihn für dich anrufen. Er hat eine große esoterische Schule in Berkeley. Vielleicht wird er helfen.«

Als Nächstes wurde ich zu einer von E.J. organisierten Veranstaltung eingeladen, die er zu meinem Entzücken »das Zweite Konzil von Nicäa« nannte. Wie ich selbst, hat auch E.J. einen sehr eigentümlichen Sinn für Humor. Eine Gruppe von uns fuhr zu E.J.s Haus in den Bergen. Als wir durch die Tür traten, waren wir schockiert. Ich war häufig bei ihm gewesen, zu vielen Mahlzeiten, und ich kannte das Haus gut. Zu meiner Überraschung war die Eingangshalle in eine Kapelle mit einer großen Statue des heiligen Franziskus verwandelt worden! Hell brannten Kerzen auf dem Altar. Ich dachte mir: »Oh, mein Lieber, hier geschieht Seltsames. Was hat E.J. wohl diesmal vor?«

Von ihm war nichts zu sehen. Die anderen Gäste und ich warteten in der kleinen Kapelle, bis wir nach oben geführt wurden in einen Raum, der in ein Konferenzzimmer und Aufnahmestudio verwandelt worden war. Dort gab es einen langen Konferenztisch mit Mikrofonen vor jedem Sitz und Namenskarten, die uns zeigten, wo wir uns hinsetzen sollten. Dann betrat E.J. den Raum und setzte sich neben mich an das Kopfende des langen Tisches. Er teilte uns mit, dass wir dort bleiben müssten, bis die Veranstaltung vorüber sei, wie lange das auch dauern würde.

Dann wurde ich gebeten, eine kurze Rede zu halten. Obwohl es schließlich ein ziemlich langer Vortrag wurde, hörten die Leute sehr aufmerksam zu, als ich den inneren Sinn des Aufbaus eines Zentrums in Mexiko erklärte. Ich machte auch sehr deutlich, dass wir bedingungslose Hilfe brauchten, um es zum Funktionieren zu bringen. Wir müssen fast zehn Stunden in diesem ziemlich stickigen Raum geblieben sein. Zum Mittagessen machten wir eine Pause, und als wir nach unten gingen, existierte zu unserer Überraschung die Kapelle des heiligen Franziskus nicht mehr. Sie hatte sich in Luft aufgelöst!

E.J.s Freund bot freiwillig seine Hilfe an und lud mich nach Berkeley ein. Er versprach, all die Leute zu versammeln, mit denen er zusammenarbeitete, so dass ich ihnen meine Vision mitteilen und ihnen von unseren Bedürfnissen berichten könnte. Danach würde er eher eine Ahnung haben, wie er uns helfen könne.

In Berkeley sprach ich vor einem Publikum von mehr als zweihundert Menschen. Ich bat um Freiwillige. Ich erklärte, dass es ein Ausbildungsprogramm geben werde, das in der Natur und im Sinn des Werks gründete, mit dem ich beschäftigt sei. Diese Ausbildung werde auf die Kunst und Wissenschaft des Atems und andere spirituelle Übungen ausgerichtet sein. Alle würden bestens vorbereitet werden für alles, was auch kommen möge, sogar das Unerwartete. Ich teilte ihnen mit, dass eine weitgehende Verpflichtung erforderlich sei und, obwohl keine Bezahlung für die Lehre verlangt werde, von allen erwartet werde, dass sie während der gesamten Zeit der vierzig Tage dauernden Ausbildung selbst für ihre Lebenshaltungskosten aufkämen. Ich sagte ihnen dann, die Ausbildung werde an einem bestimmten Datum im Januar beginnen, und gab ihnen die Adresse, an der sie sich einfinden sollten, wenn sie den Mut dazu hätten. Ich stellte mir vor, dass nur ein paar wenige Leute aus dieser großen Gruppe auftauchen würden. Es gibt nämlich immer viele Leute, die bereit sind, zu einem Vortrag zu kommen, wenn sie meinen, sie könnten daraus Nutzen ziehen für sich selbst, aber es gibt wenige, die dahin kommen, wo Arbeit an sich selbst verlangt wird und der Mut, sich wirklicher Veränderung zu stellen statt nur dem Anschein von Veränderung.

Das Haus, das wir für die Ausbildung gefunden hatten, befand sich hoch in den Bergen, und zum großen Erstaunen aller kamen etwa vierzig Leute. Es war sofort klar, dass das Haus viel zu klein war für diese Anzahl von Studenten. Zu alldem kam hinzu, dass genau in dieser Nacht der schlimmste Schneesturm seit fünfzig Jahren wütete und niemand vom Berg hinunter konnte. Alle mussten abwechselnd in den Etagenbetten und auf dem Boden schlafen, einige in der Nacht, andere während des Tages. Es gab nur eine Toilette, aber die Ausbildung begann genau nach Zeitplan. E.J. hatte ein großes Maschinengewehr auf das Dach des Hauses gestellt, und in den darauffolgenden Tagen verließen uns einige Leute so schnell, wie sie sich ihren Weg durch den Schnee bahnen konnten. Und dennoch blieben viele. Zu viele, aber die Ausbildung ging weiter. Die Leute mussten sich mit der Enge abfinden.

Während der Schnee schmolz, begann der nächste Teil ihrer Schulung. Dieser Teil der Ausbildung sollte helfen, die Zentren in Kanada und Mexiko in Gang zu bringen. Natürlich schien es den meisten Studenten aufregender, in Tepoztlán, Mexiko, zu sein, als in Vancouver zu arbeiten, wo es die meiste Zeit regnet. Die grundlegende Frage war: »Wer geht wohin?«

Ich wurde in einer dringenden Angelegenheit nach England gerufen und überließ es einem mir nahestehenden Studenten, sich um die anderen zu kümmern und ihnen in jeder möglichen Hinsicht zu helfen. E.J. blieb und leitete den größten Teil des Kurses. Er versammelte alle und kündigte an, dass wegen des für die Weiterführung der Ausbildung offensichtlich mangelnden Platzes sieben Leute weggehen müssten. Er sagte: „Ich gebe euch Zeit bis morgen früh. Dann müsst ihr mir die Namen der sieben Freiwilligen mitteilen, die einverstanden sind zu gehen.«

Es war wirklich wahr, dass der Raum viel zu eng war und das Ausscheiden von sieben Personen es möglich gemacht hätte, die Ausbildung abzuschließen. In dieser Nacht blieben alle lange auf. Sie alle hatten einen Geschmack des Werks erhalten und ein gewisses Verständnis davon, was es heißen könnte, der Menschheit und dem ganzen Planeten auf selbstlose Art zu dienen. Sie waren begierig zu tun, was sie tun konnten, um zu helfen. Einige Leute schlugen vor, Strohhalme zu ziehen, und diejenigen, die die kürzesten Halme zögen, müssten gehen. Diese Idee wurde zurückgewiesen und, wie mir später berichtet wurde, waren sie einverstanden, eine Weile still zu sein, damit jedermann seine eigene Entscheidung treffen konnte. Schließlich erklärten sich sieben Leute freiwillig bereit zu gehen; am Morgen gingen sie zu meinem Freund und nannten ihm ihre Namen.

Dann kam E.J. in das Wohnzimmer herunter. Er schaute die Freiwilligen an, lächelte und sagte: »Ratet mal, Leute? Ihr seid die glorreichen Sieben. Weil ihr bescheiden wart, seid ihr diejenigen, die ausgewählt wurden, nach Mexiko zu fahren und dort das Werk zu beginnen.«

Können Sie sich den Schock auf den Gesichtern vorstellen? Nun wurden sieben ganz andere Leute gesucht, die freiwillig das Haus verlassen mussten. Natürlich hatte E.J. für Mexiko die selbstlosesten Leute ausgewählt. Sie gehörten zu denjenigen, die die Ausbildung abschlossen und danach nach Tepoztlán fuhren. Es würde ein ganzes Buch erfordern, um zu beschreiben, worum es in der Ausbildung ging, aber sie wird ganz sicher von allen, die gekommen waren, in liebevoller Erinnerung behalten. Ich weiß, dass sie geholfen hat, ihr Leben zu verändern.

In Mexiko lernten die glorreichen Sieben Spanisch und machten weiterhin ihre Übungen. Nach ein paar Monaten fuhr eine von ihnen nach Mexiko City und rief mich in England an.

Ich sagte: »Warum brauchtet ihr so lange, um mich anzurufen?«

Die Frau, eine Engländerin, erwiderte: »Reshad, wir waren vollständig verloren. Wir hatten keine Anweisungen, wir haben von überhaupt niemandem etwas gehört, und wir haben die Nase voll!«

Ich erwiderte: »Liz, ich habe dir nur eine Frage gestellt. Warum habt ihr mich nicht früher angerufen?«

Ein ziemlich knurriger Ton war am anderen Ende der Leitung zu hören, und ich sagte: »Liz, wie kannst du eine Antwort erwarten, wenn du keine Frage stellst? Ich werde morgen das erste Flugzeug nehmen. Bitte hole mich in Mexiko City ab.«

So also hat das Zentrum in Mexiko begonnen, und es wurde in der einen oder anderen Form bis zum heutigen Tag weitergeführt.

Eindrücke als Nahrung

SO VIELE VON UNS HUNGERN SICH AUS MANGEL AN EINdrücken fast zu Tode. Doch unser geistiges Sein muss wachsen, und damit es wachsen kann, brauchen wir drei Arten von Nahrung: die Nahrung, die wir essen – sie ist davon abhängig, was sie enthält, von der Qualität der Zubereitung und der Art, wie wir sie essen –, die Luft, die wir atmen, und die Eindrücke, die wir aufnehmen. Wir sind verantwortlich dafür, unseren Körper mit gesundem Essen zu nähren, bewusst eine Luft von höherer Qualität zu atmen und die notwendigen Eindrücke aufzunehmen.

Am Morgen stehen wir auf, küssen unsere Kinder und unseren Partner, gehen zur Arbeit, kommen zurück, gehen zu Bett, stehen am Morgen auf, und alles beginnt wieder von vorn. Die meisten von uns haben Tag für Tag die gleichen Eindrücke. An den Wochenenden gehen wir vielleicht nach draußen, wenn das Wetter gut ist; und vielleicht fahren wir zu einer bestimmten Zeit im Jahresverlauf in die Ferien. Es ist durchaus möglich, auf diese Art zu überleben.

Wie auch immer, wenn wir in der Lage sind, das zu tun, was ich »den Raum umkehren« nenne, können wir genügend Eindrücke erhalten, um dem Teil unseres Seins zu dienen, der sich wirklich danach sehnt, mit dieser besonderen Art von Nahrung gefüttert zu werden. Mit »Raum umkehren« meine ich, dass wir, statt alles anzuschauen – ob es nun die Bäume sind, der Himmel oder die Menschen, die vorübergehen –, unser Herz öffnen und uns selbst erlauben, gesehen zu werden. Sogar ein Baum wird reagieren, wenn wir diese einfache Übung praktizieren. Für uns ist es wesentlich, dies zu tun, damit wir über genügend Nahrung verfügen, um die schöpferische Kraft selbst anzuzapfen und sie durch die Welt der Ideen und archetypischen Formen hindurch in eine Welt reiner schöpferischer Energie zu bringen.

Dann leben wir nicht weiterhin in einem Muster der Wiederholung, das auf unserer konditionierten Psyche basiert, sondern sind stattdessen in der Lage, in das zu kommen, was manchmal »die Welt der schöpferischen Vorstellung« genannt wird. Das ist eine wahrhaft schöpferische Welt, und Eindrücke sind lebensnotwendig, um ein Gefährt zur Verfügung zu haben für die Reise durch Raum und Zeit. Dieses Gefährt ist aus »Substanz« gefertigt, die zumindest teilweise aus der Nahrung der Eindrücke gewonnen wird.

Der Koch aus Afghanistan

WIR MÜSSEN VORSICHTIG SEIN MIT DEM, WORUM WIR BITTEN.

Bitten wir zum richtigen Zeitpunkt, am richtigen Ort und in der richtigen Haltung, bekommen wir vielleicht tatsächlich, worum wir gebeten haben. Häufig beklagen sich Leute darüber, dass sie nicht erhalten, worauf sie ein Recht zu haben glauben, nachdem sie viel gebetet haben für etwas, das sie wollen. Es gibt viele Gründe für unerwiderte Gebete, aber gewiss ist einer davon, dass nichts geschieht, bis die rechte Zeit gekommen ist. Auch muss das Bedürfnis echt sein, aus dem Herzen stammen und nicht eine intellektuelle Vorstellung oder ein selbstsüchtiges Verlangen sein. Manchmal, wenn wir aus selbstsüchtigem Verlangen bitten, erhalten wir, was wir wollen, aber statt dass es sich für uns zum Guten wendet, wendet es sich gegen uns, und es geht uns schlechter als zuvor.

Zu lernen, wie eine angemessene Frage gestellt wird, ist eine der bedeutsamsten Lehren, die wir erhalten können. In der Tradition der amerikanischen Indianer zum Beispiel ist das Stellen einer Frage von höchster Wichtigkeit. Bevor sie eine wirkliche Frage stellen, reinigen sie sich häufig in einer Schwitzhütte und gehen möglicherweise allein auf einen Berg auf Visionssuche. Sie machen sich selbst rein und ihre Frage klar, damit die Frage auf dem Wind in Reinheit zum Großen Geist fliegen kann. Häufig beten sie für eine wahre Vision oder ein offenbarendes Zeichen, das ihnen die richtige Richtung in ihrem Leben weisen wird. Diese Antwort oder diese Vision ist nicht nur für einen selbst, sondern für die ganze Gemeinschaft oder für einen größeren Zweck bestimmt.

Während der Jahre in Los Angeles, zur Zeit des Instituts für Bewusstes Leben, mieteten wir ein sehr großes Haus für einen Kurs inklusive Unterkunft. Die Veranstaltung war auf genau vierzig Tage und Nächte festgelegt, nicht mehr und nicht weniger. Es *gibt* so etwas wie die Weisheit der Unbeständigkeit!

Mit der klaren Absicht im Sinn begann ich, ein Team zusammenzustellen, das bei der Durchführung des Kurses helfen sollte. Schließlich waren wir bereit, in das Haus einzuziehen und Studenten zu empfangen, die aus der ganzen Welt gekommen waren. Das einzig wirkliche Problem, das sich uns stellte, bestand darin, einen Koch zu finden! Kochen muss bewusst geschehen, und im Werk muss es *doppelt* bewusst getan werden. Ist der Koch verärgert, geht der Ärger in die Nahrung. Ist der Koch liebevoll und bewusst, dann hat auch das seine Auswirkungen. Ich bestehe immer darauf, dass die Nahrung von hoher Qualität ist. Kochen »ist ein harmonisches Komponieren von künstlerischem Rang«, und »die Schönheit des Geschmacks ist eine unverzichtbare Zutat der essenziellen Komposition« (Bulent Rauf).

Wie aber sollte ich einen Koch finden, der zudem wach war? Es machte keinen Sinn, in einer Zeitung Annoncen zu schalten oder zu einer Agentur zu gehen, weil die keine Ahnung davon hätte, was wir tun oder warum. Vielleicht würde man sogar misstrauisch, und das könnte Schwierigkeiten verursachen. Ich telefonierte überall in den Staaten herum, konnte aber niemand Passenden finden. Ich begann, mir Sorgen zu machen, weil es bis zum Eröffnungsdatum nur noch drei Wochen waren. Verzweifelt kniete ich nieder und betete darum, dass ich erfahren würde, wo ich den richtigen Koch finden könnte.

Es geschah nun genau zur selben Zeit, dass ein Derwisch in Afghanistan eine Vision hatte von einem Engländer, der in Los Angeles einen Koch suchte. Sein Name war Ali. Es gelang ihm, etwas Geld aufzutreiben und innerhalb von vierundzwanzig Stunden nach seiner Vision nach Los Angeles zu fliegen. Sufis ist es nicht erlaubt, *nicht* zu handeln, und Derwische können häufig wilde und spontane Geschöpfe sein!

Ali kam in Los Angeles an. Er trug einen langen blauen Mantel und ein französisches Béret. Fast drei Wochen lang lief er auf der Suche nach einem Engländer, der einen Koch brauchte, durch die Straßen. Die Nächte verbrachte er unter den Brücken bei den Obdachlosen, tröstete sie und sprach seine Gebete. Er brachte eine außerordentliche Menge Licht zu all den armen Menschen, denen er begegnete. Eines Tages sah er im Vorhof eines großen Privathauses ein Schild, das »Die Erste Sufi-Kirche Christi« anzeigte. Er klopfte an die Tür, und raten Sie mal, von wem er begrüßt wurde? Es war E.J. Gold, wieder einmal, der eine getarnte esoterische Schule leitete. Jedes Jahr pflegte er den Namen der Schule zu ändern, um seine Studenten wach und auf Zack zu halten.

Ali sagte: »Entschuldigen Sie, mein Herr, ich weiß, es hört sich ein wenig seltsam an, aber kennen Sie einen Engländer, der einen Koch sucht?«

Eigenartigerweise war E.J. von dieser Frage nicht überrascht. Er antwortete: »Das tue ich tatsächlich. Bitte kommen Sie doch herein und trinken Sie eine Tasse Tee.«

Bald danach rief er mich an und fragte: »Reshad, brauchst du vielleicht einen Afghani-Koch?« Zuerst war ich ein wenig perplex und erwiderte: »Nun, ich weiß nicht recht.«

E.J. sagte: »Gut! Wir schicken ihn zu dir rüber!«

So wurde die Verbindung hergestellt. Sie sehen: Nur wenn wir wissen, dass wir *nicht* wissen, kann etwas Wirkliches geschehen. Wenn wir meinen, wir wüssten etwas, kann nichts geschehen.

Etwa eine Stunde später klopfte es an der Tür. Da stand Ali, der den ganzen Weg von Afghanistan hierhergekommen war. Er lächelte mich an und stellte sich vor, indem er ganz einfach sagte: »Ich bin Ali.« Wir setzten uns, tranken Tee, und ich fragte ihn, wie er mich gefunden habe. Er erzählte mir von seiner Vision. Es erschütterte mich, weil sie zeitlich mit meinem Gebet, das ich von ganzem Herzen gesprochen hatte, übereinstimmte, und ich spürte, dass soeben einem wahren Bedürfnis entsprochen wurde.

Die Derwische lieben Geschichten, und wir erzählten einander viele, tauschten alle Arten von Anekdoten aus. Schließlich kamen wir zum wirklichen Sinn des Treffens.

Ich sagte: »Ali, ich möchte, dass Sie unser Koch sind.«

»Mein Herr«, erwiderte er mit würdevoller Bescheidenheit, »es wäre mir eine Ehre, Ihr Koch zu sein!«

»Es ist sinnlos, zu fragen, ob Sie ein guter Koch sind. Aber sagen Sie mir die Wahrheit. Können Sie neben indischem Essen auch anderes kochen?«, fragte ich.

Er lächelte und sagte: »Oh ja! Ich habe einmal in New York gelebt und dort kochen gelernt.«

Er kam also und lebte bei uns im großen Haus; er wohnte im Keller neben dem Heizungsraum. Es stellte sich heraus, dass er ein unglaublicher Koch war. Ich glaube nicht, dass er jemals schlief. Wenn die Tagesarbeit getan war, leitete er die Abendgebete und die Klangmeditation, danach zog er seinen langen blauen Mantel an, setzte sein Béret auf und verschwand in der Nacht. Später habe ich entdeckt, dass er Obdachlosen half, die in der City von Los Angeles lebten. Aber immer kam er rechtzeitig zum Frühstück zurück.

Die Hopis

ALI BLIEB WÄHREND DER GANZEN PERIODE VON VIERZIG Tagen und wurde uns allen ein großartiger Freund. Als der Zyklus vorüber war, wandte er sich plötzlich an mich und sagte: »Ich wurde von den Hopi-Indianern gebeten, dich nach Second Mesa in Arizona zu bringen.«

Ich forschte nach: »Ali, wie weißt du davon?«

Er erwiderte: »Die Hopis haben es mir gesagt.«

Ich fragte: »Wie bist du mit ihnen in Kontakt gekommen?«

»Reshad«, sagte er, »wir sind nicht darauf angewiesen, Telefone zu benutzen.«

Ich insistierte: »Weißt du, warum sie mich sehen wollen?«

Er schaute mir in die Augen und sprach sanft: »Viele der Ältsten sind in der letzten Zeit gestorben, und viel Wissen bezüglich des Landes wurde vergessen. Sie sagen, du wüsstest um diese Dinge.«

Einer meiner Berufe ist die Kunst und Wissenschaft der Geomantie. In der chinesischen Sprache wird sie *Feng-Shui* genannt. Sie ist ein umfangreiches und profundes System, und es erfordert eine lange Ausbildungszeit, wenn man sie meistern will. Ich bin sehr glücklich darüber, dass sie endlich außerhalb Chinas bekannter wird. Geomantie ist ausgerichtet auf die Beziehungen zwischen Gebäuden, Menschen und der Landschaft, um die bestmögliche Harmonie für innere und äußere Arbeit zugleich zu schaffen.

Nachdem der Kurs abgeschlossen war, zogen Ali und ich in Richtung Arizona. Ich war noch nie im Südwesten gewesen, und der Unterschied zwischen Los Angeles und Arizona war überwältigend. Die Farben der Wüste, die Riesengröße des Himmels und das Bewusstsein einer Kultur, die auf diesem Land seit mehr als zehntausend Jahre existiert hat, machen einen wirklich bescheiden und demütig. Wir richteten uns in einem Motel in der Nähe von Second Mesa ein. Ali meinte, ich solle dort bleiben, während er weiterfahren wolle, um die Person zu finden, mit der wir uns treffen sollten.

Er nahm das Auto und verschwand. Stunden später kam er zurück und sagte: »Die Ältesten wollen dich jetzt sehen.«

Also machten wir uns auf den Weg, um die Hopis auf dem Zweiten Mesa zu treffen. Als wir ankamen, wurden wir in ein kleines Haus mit einem Lehmboden geführt und dort von drei alten Männern begrüßt. Ihr Führer hieß David. Er war fast vollständig blind und sehr, sehr alt. Wir saßen alle auf dem Boden, und eine ganze Weile fuhren sie mit ihren Gesprächen unter sich fort. Mir war sehr unwohl zumute, aber wir warteten beide geduldig.

Schließlich wandte sich David mit solch ungeheurer Freundlichkeit an uns, dass wir unmittelbar die Göttliche Präsenz in ihm erkannten. Er begann langsam zu erklären, dass er den jungen Leuten einfach nicht beibringen konnte, die Heiligkeit des Landes zu verstehen und dass sie Dinge wie leere Konservendosen nicht einfach einen Felsen hinabwerfen konnten, ohne großes Chaos anzurichten. Er fragte, ob mein Wissen in Geomantie ihnen helfen könne, das Gleichgewicht wiederherzustellen. Und ob ich bereit sei, am folgenden Tag eine Inspektion des Landes zu machen.

Sofort erklärte ich mich einverstanden, ihnen zu Diensten zu stehen. Dann zog David eine Karte hervor, die auf Pergament gezeichnet war. Mit Hilfe seiner Freunde rollte er sie auf dem Boden aus und begann, ihre Bedeutung zu erläutern. Wir sahen primitive Zeichnungen von Fremden, die auf Pferderücken in die Hopi-Dörfer ritten. David berichtete, wie sie viel von der Hopi-Kultur jener Zeit vernichtet hatten.

Die Karte zeigte einen Weg, der sich in zwei Pfade aufspaltete, einer wies nach oben, der andere nach unten. Zudem gab es da verschiedene Muster, die auf die Bedeutung hinwiesen. Thomas, einer der Ältesten, erzählte uns die Geschichte, wie die Karte entwickelt worden war in der Absicht, im Laufe der Generationen den jungen Leuten zu zeigen, was geschehen war und was gemäß den Hopi-Prophezeiungen in der Zukunft geschehen könnte.

Ich fühlte mich sehr geehrt, dass sie mir diese Karte gezeigt hatten. Ich fragte so vorsichtig wie möglich, warum der Weg sich in zwei Richtungen teilte.

David erklärte: »Im Verlauf der Jahre haben uns die Ältesten gesagt, dass die Welt auf eine Katastrophe zugeht. Dies ist der Scheidepunkt. Wenn die Zeit kommt, da wir den Schnee vom frisch gepflanzten Mais entfernen müssen, wird die Menschheit den Weg nach unten nehmen, den Weg in Richtung auf das, was wir als ein katastrophales Ende bezeichnen könnten. Wenn das nie geschieht, dann reisen wir möglicherweise alle auf dem ansteigenden Weg.«

Plötzlich wurde ich von einer seltsamen Vorahnung gepackt. Ich realisierte, dass es kälter und kälter wurde. Es war der 12. Mai, und die Hopis hatten ihren Mais erst vor einer Woche gepflanzt. In dieser Nacht würde die Temperatur unter den Gefrierpunkt sinken. Nach der Zusammenkunft kehrte ich ins Motel zurück und ging zu Bett. Als ich am Morgen aufwachte, lagen etwa zehn Zentimeter Schnee auf dem Boden! Ich öffnete mein Herz in Mitgefühl, um zu spüren, was die Ältesten auf dem Zweiten Mesa fühlen mochten. Heute würden sie den Schnee vom Mais entfernen müssen.

Ich ging nach Second Mesa zurück. Erwartung lag in der Luft, die durch die kleinen Straßen wisperte. David konnte ich nicht finden. Thomas kam mir mit seinem Sohn entgegen. Ich hatte nicht den Eindruck, es sei an mir, etwas über die Prophezeiung zu sagen. Schließlich hatten wir andere Arbeit zu tun. David hatte uns angewiesen, wir sollten uns den Ort anschauen, wo all die Büchsen und metallenen Gegenstände über den Rand des Mesa geworfen worden waren. Wir schauten uns um, und tatsächlich, es war wahr – niemals hatte ich ein solches Chaos gesehen. Das war gewiss nicht, was ich von den Hopis erwartet hätte. Wir fanden Metallbüchsen, alte Autoteile und der Himmel weiß, was sonst noch! Wenn Metall unordentlich auf dem Land verstreut wird, verursacht es Chaos in den unsichtbaren Welten. Alles war schneebedeckt. Also konnte ich nicht sagen, wie tiefgreifend das Chaos wirklich war. Ich gab Thomas eindringlich den Rat, einige Leute zu holen und den Fuß des Mesa so schnell wie möglich aufzuräumen.

Später an diesem Tag hatte ich eine Intuition, dass da noch etwas anderes war, was sie vergessen hatten. Manchmal sterben Menschen, ohne dass sie die Möglichkeit haben, das ihnen gegebene Wissen weiterzugeben. Ich deutete David gegenüber an, dass sie vielleicht ein sehr wertvolles Kraut vergessen hatten, das unten im Tal wuchs. Ich spürte, dass es bei bestimmten Erkrankungen sehr hilfreich war, auch bei Problemen mit den Lungen. Ich fragte, ob sie einen Jeep hätten, damit wir tief in das Tal hinunterfahren könnten, um danach zu suchen.

Der Schnee hatte schon begonnen zu schmelzen, als wir in das flache Land unterhalb des Dorfes hineinfuhren. Ich stand aufrecht im offenen Jeep und versuchte zu erspähen, wo das Kraut wohl wachsen würde. In meiner Vision sah ich es als eine Pflanze, die eine weiße, knollige Wurzel hatte.

Erstaunlicherweise fanden wir diese Pflanze wirklich und nahmen eine mit, um sie David zu zeigen. Ich fragte: »Erkennen Sie das?«

Er schaute sie sehr sorgfältig an und roch an ihr. Dann berührte er sie auf zarte, liebevolle Weise, schaute auf und sagte: »Ja.« Er erklärte, dass der Medizinmann, der um all diese Dinge gewusst hatte, gestorben war, bevor er die Gelegenheit gehabt hatte, diesen besonderen Teil seines Wissens weiterzugeben.

Ich hatte Ali während der Tage bei den Hopis kaum gesehen. Er hatte überhaupt nicht geschlafen, denn er war Tag und Nacht damit beschäftigt gewesen, sich mit ihnen auszutauschen. Nun war für uns die Zeit gekommen, den Zweiten Mesa zu verlassen und nach Los Angeles zurückzukehren. Ich ging ins Dorf und fragte nach ihm. Er war im Haus von Thomas und kam, wie üblich lächelnd, heraus.

Wir sagten seinen Freunden auf Wiedersehen, ich verabschiedete mich von David und Thomas, wir stiegen in den Wagen und fuhren nach Los Angeles zurück. Als wir nach der langen Reise dort ankamen, fragte ich Ali, was er als Nächstes tun werde.

Er erwiderte: »Ich gehe nach New York, Reshad.« Weil ich ihn so liebgewonnen hatte, hatte ich gehofft, dass er bei uns bleiben würde. Ich fragte: »Wann fährst du?«

»Jetzt«, antwortete er.

Dann verabschiedete er sich und verließ uns.

Der Alchimist

WÄHREND DER ZEIT DES INSTITUTS FÜR BEWUSSTES LEBEN in Los Angeles ereignete sich viel Außergewöhnliches, das widerzuspiegeln schien, was die Menschen innerlich lernen mussten. Viele neue Leute kamen, um das Institut zu besuchen. Einige meinten es ernst mit dem wahren Lernen, einige waren einfach ein wenig neugierig, und andere hatten ihre eigenen besonderen Gründe. An den öffentlichen Abenden hatten wir häufig über hundert Zuhörer. Ich habe nie herausgefunden, wie sie von uns erfuhren, da wir keinerlei Werbung machten. Wir verbreiteten es einfach über »das obere Stockwerk«. Manchmal erschienen die so genannt richtigen und manchmal die so genannt falschen Leute.

Nach rund zwei bis drei Monaten begann mir eine Frau aufzufallen, die jeweils in einem goldenen Lincoln ankam, einem Wagen fast so lang wie ein mittelgroßes Boot. Sie war immer gut gekleidet und schien ihren Reichtum etwas zu beiläufig zur Schau zu stellen. Ihr Name war Sheila, und sie trug stets schöne Kleider, aber fast immer schwarz und weiß. In meinem britischen Humor erinnerte sie mich ein wenig an einen Pinguin, der auf dem weißen Eis der Arktis läuft.

Sie kam immer allein, setzte sich in die vorderste Reihe, so nahe bei mir wie möglich, und versuchte beständig, Augenkontakt mit mir aufzunehmen. Zuerst dachte ich, sie sei eine dieser nach Aufmerksamkeit Suchenden, also weigerte ich mich einfach, sie zu bemerken. Nichts geschieht, bevor die Zeit reif ist. Doch sie schien offensichtlich sehr geduldig zu sein. Schließlich kam der Zeitpunkt, an dem ich spürte, dass es richtig sei, sie anzusprechen. Also schlug ich ihr vor, zum Tee zu bleiben, nachdem die Gäste gegangen waren. Als ich endlich dazu kam, mit ihr zu sprechen, fragte ich, warum sie die offenen Abende des Instituts besuche.

Sie erwiderte: »Ich bin von einem Mister Hughes geschickt worden.«

»Ist er Ihr Lehrer?«, fragte ich.

»Nein«, sagte sie mit einem Zögern, »nicht wirklich.« Ich begann, sie ein wenig eingehender zu befragen. »Wenn er nicht Ihr Lehrer ist, warum kommen Sie dann? Sagen Sie mir, was ist Ihre wahre Absicht?«

Ruhig erwiderte sie: »Mister Hughes hat mich gebeten zu kommen.«

Ich konterte: »Ich weiß, dass Mister Hughes Sie gebeten hat; aber gewiss ist das kein ausreichender Grund, um jede Woche hierherzukommen.«

Es gab eine kurze Pause und ein Klappern der Teetasse, bevor sie sagte: »Eigentlich will Mister Hughes Sie sehen. Er hat mich gebeten, zu gehen und Sie zu holen.«

»Aha!«, rief ich aus.

In diesem Augenblick wurde meine Ehefrau sehr bleich. Was hatte dies alles zu bedeuten? Ich bin immer ein Abenteurer gewesen und wage mich gern in Bereiche vor, die selbst die Engel fürchten. Die Herausforderung faszinierte mich also. Wer um Himmels willen war dieser Mister Hughes? Warum kam der Mann nicht selbst, um mich zu treffen? Sein Verhalten schien von schlechten Manieren zu zeugen, aber schließlich verfügen heutzutage sehr wenige Menschen über gute Manieren. Ich habe immer gelehrt, dass hier auf der Erde gute Manieren die Manifestation der unsichtbaren Matrix Gottes sind.

Ich wollte ihr nicht sofort eine Antwort geben, also vermieden wir für eine Weile das Thema des Treffens. Endlich sagte ich, dass ich in der folgenden Woche einen freien Nachmittag einrichten könnte, obwohl ich selber sehr beschäftigt sei. Ich bat meine Sekretärin, ein passendes Datum zu finden. Dann lud ich die Dame ein, Mister Hughes wegen einer Bestätigung anzurufen.

»Nein«, erwiderte sie, »er mag es nicht, angerufen werden.«

Ich gab ihr zur Antwort: »Dann fahren Sie am besten gleich zu ihm und rufen mich sofort zurück, denn dieses Datum ist die einzig freie Zeit, die ich in absehbarer Zeit habe.« Sie war damit einverstanden, und nachdem sie sich verabschiedet hatte, rollte sie in ihrer goldenen Limousine in die Nacht.

Am folgenden Morgen rief sie an: »Mister Hughes wird Sie an dem von Ihnen vorgeschlagenen Tag treffen, und ich werde Sie abholen.«

Nun war ich wirklich in Schwierigkeiten. Meine Frau ängstigte sich, weil in den Vereinigten Staaten so viele Leute Waffen besitzen und alles, was mit Transformation zu tun hat, als Gefahr wahrgenommen wird, als eine mögliche Gefahr für das Establishment. Ich musste sie beruhigen, aber ich wollte diesen Mann treffen, wie auch immer. Als die Zeit kam, fuhr ich mit Sheila weg. Ihr Wagen brachte uns hinaus in Richtung des Flughafens von Los Angeles. Ehrlicherweise muss ich gestehen, dass auch ich mich nun ein wenig fürchtete. Aber wenn Sie in Ihrem Leben mit beiden Händen eine Entscheidung fällen, dann müssen Sie es einfach tun, auch wenn Sie Angst haben, und darauf vertrauen, dass Gott Sie mit dem versorgen wird, was Sie brauchen.

Wir fuhren weiter, immer tiefer in eine von Armut gezeichnete Gegend der City. Die Häuser waren klein und schäbig, und das Land um sie herum war nicht sehr gepflegt. Ich wusste, dass Leute wegen der billigen Mieten hier wohnten. Es war sehr nahe am Flughafen, und fast jede Minute landete ein Flugzeug. Dann bremste der riesige Wagen, und wir bogen in einen schmutzigen Weg ein.

Das Erste, was ich sah, war ein Hof voller Schrott. Er war übersät mit alten, kaputten Autos, rostigen Motoren und Ersatzteilen. Wieder fragte ich mich, warum ich mich auf diese besondere Reise gemacht hatte. Wir näherten uns dem Ende des Weges, wo ein kleines Zweizimmerhaus stand. Es war ein vorfabriziertes Haus von der Art, die man mit einem Lkw transportieren und irgendwo hinstellen kann. Ein Mann stand links neben der Tür. Ich konnte erkennen, dass er bis an die Zähne bewaffnet war! Er trug eine Pistole an der Hüfte und hielt demonstrativ ein Gewehr.

Sheila ging mir voraus und zeigte mir den Weg. Sie klopfte an die Tür und trat ein. Bald danach wurde auch mir das Eintreten erlaubt. Ich bemühe mich immer, meine Umgebung bewusst wahrzunehmen, für alles aufmerksam zu sein, aufmerksam zu sein in

Liebe. Ich nahm die Gefühle und Eindrücke des Raumes in einem Rundblick von links nach rechts auf. Ich sah einen Mann, der über keinerlei Manieren verfügte. Er saß direkt vor mir mit dem Rücken zur Tür, kaute Tabak und spuckte in einen Eimer. Links von mir befand sich ein Fenster, und ich konnte sehen, dass der Bewaffnete immer noch draußen stand. Blickte ich nach rechts, sah ich ein sehr kleines Wohnzimmer.

Für mich war ganz augenfällig, dass Mister Hughes nicht hier lebte. Später fand ich heraus, dass er unglaublich reich war und ein riesiges Haus in Brentwood besaß, einer exklusiven Gegend von Los Angeles. An der Vorderfront seines Schreibtisches hing ein Poster, das alle chemischen Elemente und ihre Strukturen zeigte. Ich kann mich genau daran erinnern, wie ich seinen Rücken anschaute und die Muster der Elemente, als sei alles einfach ein einziges Bild.

Wieder spie er. Sheila schien in seiner Gegenwart demütig und sehr gehorsam. Sie setzte sich auf die kleine Bank unter dem Fenster. Ich wusste wirklich nicht, was ich tun sollte. Ich bin Engländer, ziemlich normal, und diese ganze Sache schien außerhalb der Zeit zu geschehen. Was um Himmels willen tat ich hier? Warum hatte ich ein Treffen mit diesem Mann? Warum drehte er sich nicht um und zeigte mir sein Gesicht? Meine Federn waren aufgeplustert. Es kann so *aussehen,* als ob ich sehr verärgert sei, sogar wenn ich mich gar nicht so fühle.

Ich richtete mich zu meiner vollen Größe auf und hustete laut. Zumindest brauchte ich einen Stuhl, um mich darauf zu setzen, und Sheila hatte mir keinen angeboten, auch Mister Hughes nicht. Also stand ich allein mitten im Raum in einer doch sehr außergewöhnlichen Situation.

Wieder hustete ich. Dieses Mal drehte er sich um. Er spuckte eine Ladung Tabaksaft in seinen Eimer, schaute mir gerade in die Augen und sagte: »Sie also sind Reshad?«

Ich erwiderte: »Ja, der bin ich.«

In diesem Augenblick gab es einen Schock, eine Pause, die ich nur Liebe nennen kann. Liebe kommt auf viele Arten, und Liebe kommt häufig dann, wenn Sie es am wenigsten erwarten.

Er brachte mir einen Stuhl, und ich setzte mich hin. Dann sagte er: »Ich habe gehört, dass Sie Rutengänger sind.«

»Ja«, erwiderte ich, »das bin ich seit meinem fünften Lebensjahr.«

Er fuhr fort: »Ich habe gehört, dass Sie mit einem Stück Land in Kanada zu tun haben?«

»Ja«, sagte ich vorsichtig, »ein paar von uns haben ein Stück Land gekauft. Es heißt Argenta, was ›Silber‹ bedeutet, und ist etwa fünfhundert Meilen von Vancouver entfernt in den Bergen, draußen beim Kootenay Lake.«

Seine Antwort war: »Hmmm. Ich besitze das Grundstück gleich neben dem Ihren, und meines ist Gold. Ihres ist Silber, aber Sie verpassten das Gold.«

Wie um Himmels willen sollte ich auf eine solche Aussage reagieren? Da war ich, Leiter eines Instituts für beschleunigte Transformation von psychischer und geistiger Entwicklung, in der Nähe des Flughafens von L.A. bei einem Tabak kauenden, geheimnisvollen Mann, der mir zu sagen schien, dass wir ein minderwertiges Stück Land gekauft hätten!

Er schaute mich sehr forschend an und sagte: »Warten Sie eine Minute hier.«

Dann ging er durch das Wohnzimmer und verschwand eine Treppe hinab, die unter das Haus führte. Es stellte sich heraus, dass er unter dem Schrottplatz ein großes Laboratorium hatte und die Autos nur eine Tarnung waren. Er kam zurück und trug ein dickes Gefäß bei sich, ähnlich einem Marmeladetopf. Das Glas schien eine große Menge Blei zu enthalten. Er starrte mich an, während er den Deckel abschraubte. Darin war ein kleiner Steinbrocken. Er nahm den Steinbrocken aus dem Topf und legte ihn auf seine Hand. Er schaute mich vorsichtig an. Schließlich schüttelte er den Kopf und sagte: »Dafür sind Sie noch nicht bereit.«

Ich fühlte mich unglaublich seltsam und irgendwie gelähmt. Ich fragte mich, was mit mir geschah. Was *war* das für ein Steinbrocken, und was tat er damit? War es der Stein, der bewirkte, dass ich mich so eigenartig fühlte? *Seinen* Bewusstseinsgrad schien es überhaupt nicht zu verändern. Er ging wieder die Treppe hinunter und nahm den Steinbrocken mit. Als er zurückkehrte, setzte er sich hin und sagte: »Das war ein Brocken von der radioaktivsten Art von Uran, die es gibt. Ich kann es in der Hand halten. Sie können das nicht. Sie sind noch immer nicht bereit.«

Was er sagte, schockierte mich zutiefst. Sheila saß am Fenster, und der Mann mit dem Gewehr war noch immer draußen. Ich wollte diesen Ort sofort verlassen. Mister Hughes hatte die Augen geschlossen. Er schien weit weg zu sein.

Dann sagte er sanft: »Ich will Sie wiedersehen.« Ich antwortete ihm nicht, aber ich wusste, ich würde für einen weiteren Besuch zurückkommen. Sheila gab mir ein Zeichen, es sei an der Zeit zu gehen. Wir gingen still weg und kehrten in ihrem luxuriösen Wagen zum Institut zurück.

Ich leitete die abendliche Unterweisung, und danach erklärte ich meiner Frau, was am Nachmittag geschehen war. Wer war dieser Mann, und was wusste er? War er ein Alchimist? Was *ist* Alchimie? Ich hatte dieses Thema jahrelang studiert, mit elektromagnetischen Feldern und mit Hightechinstrumenten gearbeitet, um Menschen zu helfen. In meiner Arbeit habe ich entdeckt, dass es ein Muster für alle Elemente gibt. Ich spürte, dass auch Mister Hughes etwas über diese Form der Alchimie wusste.

Da ich mich ohne Vorbehalte auf dieses Experiment eingelassen hatte, musste ich herausfinden, wer dieser Mister Hughes wirklich war. War er vom CIA? Vom FBI? War er ein Betrüger? Wer war er, und warum war es mir gestattet, ihn zu treffen?

Als Sheila zu der nächsten offenen Zusammenkunft kam, nahm ich sie zur Seite und sagte: »Mister Hughes hat mich noch einmal eingeladen, ich möchte ihn so schnell wie möglich sehen.«

Wir vereinbarten einen Termin. Sie kam in ihrem riesigen Wagen, und wir fuhren wieder zu diesem seltsamen kleinen Haus beim Flughafen. Dieses Mal war alles ein bisschen anders. Als wir ankamen, betraten wir das Gebäude ohne Verzögerung. Sofort wurde ein Stuhl gebracht, und Sheila saß wie beim letzten Mal am Fenster. Was immer Mister Hughes tat, es war offensichtlich, dass er uns etwas zeigen wollte. Er befahl die beiden bewaffneten Männer in den Raum und sagte: »Nun macht schon, zeigt es ihm.«

Einer der Wachmänner stand an der offenen Tür, während der andere zwei weiche Lederbeutel aus der Tasche zog. Er öffnete beide und leerte ihren Inhalt auf den Tisch, bis dieser fast vollständig mit Rubinen und Saphiren bedeckt war, zwei der heiligsten Edelsteine der Welt. Sie waren ungeschliffen, aber sie waren poliert und glitzerten in solch selten gesehener Schönheit, dass mein Herz fast stillstand. Ich konnte nicht glauben, was ich da sah.

Warum tat Mister Hughes das? Sicher wusste er, dass ich an Rubinen und Saphiren kein Interesse hatte. Was versuchte er mir *wirklich* zu sagen? Die Männer gingen wieder hinaus. Ich versuchte, mich zu entspannen, aber das war fast unmöglich. Wieder befand ich mich in einem Zustand vollkommener Perplexität. Überhaupt nichts machte einen Sinn.

Hier saß ich, gegenüber einem großen Wandbild, das die natürlichen Elemente zeigte, und bemühte mich, von dem vor mir liegenden Haufen von Rubinen und Saphiren nicht hypnotisiert zu werden. Warum war ich hier? Ich entschied mich, etwas zu tun.

Aus gewissen Gründen hatte ich den Eindruck, dass ich nicht direkt zu Mister Hughes sprechen konnte, also wandte ich mich an Sheila und fragte sie: »Was tut Mister Hughes?«

Auf die naive Frage folgte eine Pause. Ich nehme an, sie bat Mister Hughes innerlich um Erlaubnis, die Frage beantworten zu dürfen. Endlich brach sie das Schweigen und erzählte mir seine Geschichte.

Mister Hughes' Großvater war in Brasilien Forscher gewesen. Mitten im Amazonas hatte er eine verlassene Stadt entdeckt, die offensichtlich um eine große Pyramide herum gebaut war. (Pyramiden wurden nicht nur in Ägypten gefunden – auf viele stieß man auch in Mexiko und Südamerika.) Seine Männer durchsuchten die Pyramide und entdeckten einen seltenen Kristall, der genau an der Stelle hing, wo sich in der Großen Pyramide in Ägypten die Königskammer befindet.

Sie erforschten die Stadt weiter, und schließlich fanden sie eine Karte. Gemäß Mister Hughes stellte sich heraus, dass diese Entdeckung einer der wertvollsten je gekannten Schätze war. Die Karte, die sein Großvater gefunden hatte, enthielt Informationen, die jede Goldmine in ganz Nordamerika beschrieben!

Irgendwie wusste ich, dass ich Mister Hughes vertrauen konnte. Und ich vertraute ihm nur aus einem Grund: Ich liebte ihn. Er gab mir ein Glas Wasser und nahm den Telefonhörer ab. Dann rief er seinen Börsenmakler an der Wallstreet an und kaufte Gold im Wert von mehreren Millionen. Diese Transaktion versetzte mich in einen Schockzustand. Warum wickelte er sein Geschäft vor mir ab? Vielleicht war es eine Herausforderung, um in mir eine tiefere Ebene von Mut zu finden.

Ich fragte kühn: »Mister Hughes, welches ist Ihre Bank?« Er schaute mir direkt in die Augen und sagte: »Meine Bank ist in der Erde. Ich finde die Minen, und dann versiegele ich sie. Sie sind ein Erbe für diejenigen, die sie in Zukunft finden werden.«

Als ich dieses Mal seine Gegenwart verließ, war ich sicher ein bisschen bescheidener als vorher. Schweigend fuhren wir zum

Institut zurück. Auf eine Art war ich vollständig erschüttert. Ich hatte mich in der Welt der Faszination verfangen und wurde besiegt vom Wissen um die Liebe, von der Hand der Liebe. Wie Mevlana Jalaluddin Rumi, der große persische Poet und Mystiker des dreizehnten Jahrhunderts, gesagt hatte: »Liebe kommt mit einem Messer.«

Später entdeckte ich, dass man Mister Hughes die Bezeichnung »der Alchimist« nur als Spitznamen verliehen hatte. Ich fand nie heraus, worum es im Einzelnen ging bei dem, was er tat. Ich weiß nur, dass er weder Gold produzierte noch transformierte, er fand einfach Goldminen und versiegelte sie.

Sicherlich stimmt es, dass ich mich in jener Zeit des Geldes wegen geängstigt hatte. Ich war fast vollständig bankrott. In meinen Gebeten hatte ich um Hilfe gebeten. Ich erhielt kein Geld, aber ich erreichte eine andere Ebene des Verstehens, dass das Universum uns mit allem versorgt, wenn wir uns mit dem notwendigen Grad an Ehrlichkeit ausrichten, um so in der Lage zu sein, die Zeichen zu lesen, die uns durch die Lebenserfahrung gegeben werden.

Wille

AUF DEM WEG DER WAHRHEIT GIBT ES ZWÖLF STATIONEN, wie Jesus wusste. Und es gibt verschiedene harmonische Muster, die in unserer persönlichen Psyche vorkommen. Wir erben viele Dinge durch die Gene. Wir leben, wir gehen, wir sterben. Wir schreiben unseren Letzten Willen. Was geschieht danach? Alle Passagiere der Familie, die auf einem Boot der Liebe ihrer Familie gelebt haben, beginnen darüber zu streiten, was dieses ist und was jenes ist!

Das ist nicht Wille. Wille ist Dankbarkeit dafür, dass man lebendig sein darf. Ohne Dankbarkeit bedeutet Wille nichts. Es gibt nur *einen* Willen. Und das ist der Wille Gottes.

Ellen Burstyn (»Catherine«)

Eine Reise außerhalb der Zeit

MANCHMAL, WENN WIR UNS SEHR EINSAM FÜHLEN, BEGINNEN wir, in der Frage zu leben. Dann mag das Universum uns eine Öffnung anbieten, die der Anfang eines vollständig neuen Zyklus' in der Entfaltung unseres Lebens sein kann.

Wann immer ich in der Öffentlichkeit spreche, kommuniziere ich nicht von Meinungen her, und so kann es sein, dass ich in sehr empfindsamen Momenten Menschen im Publikum als Lichtkörper sehen kann, statt nur ihrer physischen Präsenz gewahr zu sein. Bei einer solchen Gelegenheit hielt ich einen Vortrag vor etwa vierhundert Menschen. Es war in Los Angeles, und die Organisatoren hatten für die Veranstaltung weitherum Werbung gemacht. Im Verlauf meiner Rede wurde ich plötzlich auf Lichtspiralen aufmerksam, die von zwei Leuten im Publikum ausgingen. Es waren ein Mann und eine Frau. Zuerst bemerkte ich nur das Licht, und dann – es ist fast, wie beim Autofahren einen andern Gang einzulegen – konnte ich die zwei Menschen so wahrnehmen, wie sie normalerweise zu sein scheinen; sie saßen an entgegengesetzten Seiten des Raumes.

Nach dem Vortrag mischte ich mich unter das Publikum, um nach den beiden zu suchen. Der Mann war schon verschwunden, aber die Frau war noch da. Ich erinnere mich, dass sie beinahe erschüttert aussah, als wäre ihr eine Art tiefen Verstehens gegeben worden. Sie war gut gekleidet und hatte langes, blondes Haar, fast bis zur Taille.

Als ich an ihr vorüberging, hörte ich mich sagen: »Sollten Sie mich jemals besuchen wollen, können Sie das gerne tun.«

Ich hatte nicht einmal Zeit, mir meine Worte zurechtzulegen. Wenn ich auf dieser Ebene arbeite, lebe ich in einer Welt ohne Gedächtnis. Es ist, als existierte ich in einer Atmosphäre von Licht, Fließen, Bewegung und Schönheit. Ich kann diese Erfahrungen nicht wirklich steuern. Sie kommen mir einfach zu, manchmal in sehr unerwarteten Augenblicken. Da in diesem Zustand kein Gedächtnis vorhanden ist, wie wir es normalerweise erleben, stehe ich manchmal wohl ziemlich dumm da, wenn ich mich an diese Ereignisse nicht mehr erinnern kann!

Am Tag nach dem Vortrag musste ich nach England fliegen, wo ich kurze Zeit später einen Telefonanruf vom Flughafen London erhielt. Eine Frauenstimme sagte: »Hallo Reshad. Hier ist Catherine. Ich bin eben angekommen.«

Ich hatte nicht die geringste Ahnung, mit wem ich sprach. Ich stotterte eine Art Begrüßung.

Sie fuhr fort: »Sie sagten mir in Los Angeles, dass ich Sie besuchen könne.«

Ich konnte mich noch immer nicht erinnern, wer sie war, oder an die Ereignisse, die zu diesem Augenblick geführt hatten. Unsicher und ein wenig in Panik platzte ich heraus: »Vielleicht ist es das Beste, wenn Sie meinen Lehrer anrufen und fragen, ob er Sie empfangen kann. Ich selbst werde übermorgen wegfahren.«

Sobald wir aufgehängt hatten, stückelte ich mir die Geschichte, so gut es ging, zusammen und rief meinen Lehrer an. Später fand ich heraus, dass sie eine praktisch unbekannte Schauspielerin war, die in Los Angeles lebte.

Am nächsten Tag rief mich mein Lehrer zurück und sagte: »Ich habe diese Dame getroffen, die du mir geschickt hast. Nun musst du dich ihrer annehmen.«

Alarmiert erwiderte ich: »Was meinst du mit: Ich muss mich ihrer annehmen? Ich fahre, wie du mich angewiesen hast, für zwei Wochen in eine Klausur! Und der Ort ist auf einer Insel an der Südküste Englands. Eigentlich muss ich morgen wegfahren.«

Er erwiderte ruhig: »Nimm sie mit.«

Was sollte ich machen? Ich entschied mich, zu tun, was mir aufgetragen war, und lud die Dame ein, zu mir zu kommen. Bald danach kam sie in einem Taxi an. Mir wurde klar, dass sie gemeint hatte, ich sei eine Art Guru. Seit ich sie das letzte Mal gesehen hatte, hatte sie sich die Haare abgeschnitten. Sie waren lang gewesen, nun waren sie aber kurz geschoren und glichen eher einer Bürste. Dazu kam, dass mein Lehrer ihr einen spirituellen Namen gegeben hatte, der bedeutet »sie, die geführt ist«. Alles war sehr verwirrend, aber ich gab ihr Tee und erklärte, dass ich Pläne für eine Klausur gemacht hatte und dass mein Lehrer vorgeschlagen hatte, sie solle mitkommen.

Also fuhren wir am nächsten Tag in meinem Auto los und nahmen vom Festland die Fähre hinüber zur Insel. Unterwegs sprachen wir nur sehr wenig, was für mich zugleich schwierig und unüblich ist. Ich hatte mich dazu verpflichtet, jeden Tag viele

Stunden in Meditation zu sitzen, und mein Gast wusste offensichtlich wenig oder nichts über das Thema Atmen und Meditation. Da sie neugierig war, schlug sie vor, neben mir zu sitzen und Zeuge zu sein von allem, was geschehen würde. Ich muss sagen, sie tat das mit großem Respekt, obwohl sie vielleicht ein kleines bisschen zu nahe saß. ›Einsichtsmeditation‹ ist auch zu den besten Zeiten nie einfach!

Nachdem wir eine Woche miteinander verbracht hatten, sprach Catherine schließlich und sagte mir, wie schwierig es für sie sei. »Reshad, die Schlange kommt immer wieder hoch.«

»Die was, bitte?«, sagte ich. Aber es war wahr. Mein Begehrenskörper leistete Überstunden. Als Resultat davon waren meine Meditationen relativ unergiebig, und ich wagte nicht zu raten, wie es um ihre eigenen Gefühlen bestellt sei. Ich bemühte mich, alles zu ignorieren, und schließlich kehrten wir nach London zurück.

Ich war eine Weile zuvor gebeten worden, in Chamonix, Frankreich, bei einem Lager für junge Menschen mitzuhelfen. Es war ein internationales Projekt. Ich rief den für das Lager Verantwortlichen an, erzählte ihm von Catherine und fragte, ob ich sie mitbringen dürfe. Er fragte, wie alt sie sei. Als ich ihr Alter nannte, sagte er, dass sie ganz sicher nicht kommen dürfe. »Sie ist zu alt. Du weißt, wie streng ich in dieser Hinsicht bin, und sie ist ein Jahr älter als das zugelassene Höchstalter.«

Insgeheim war ich ziemlich erleichtert. Ich rief sie in dem Hotel an, wo sie in London untergebracht war. Aber sie war keine Frau, die sich leicht von etwas abbringen ließ, das sie sich in den Kopf gesetzt hatte.

Am Telefon kündigte sie also ganz bestimmt an: »Reshad, ich fahre nach Chamonix.«

An dem Tag, für den ich meine Abreise geplant hatte, tauchte sie an meiner Tür auf mit ganz neuen Kletterstiefeln und einem Rucksack, gefüllt mit Schlafsack und warmen Kleidern. Sie war bereit, den höchsten Berg zu erklettern, geübt oder ungeübt. Ich hatte den starken Verdacht, dass sie noch nie etwas Höheres erklettert hatte als die Stufen, die zu ihrer Wohnung in Los Angeles führten.

Ich ließ mich erweichen. »In Ordnung«, sagte ich ihr, »wir versuchen es. Leg den Rucksack in den Kofferraum.« Dann sagte ich ihr, dass noch eine weitere Person mit auf die Reise käme. »Wir sind nicht allein, weißt du«, sagte ich, wahrscheinlich mit einem

Schimmer von Triumph in den Augen. »Wir nehmen auch meinen Freund Martin mit. Er wird bald hier sein. Ich habe ihn gebeten, Sandwiches für den ersten Teil der Reise einzukaufen.« Es war nicht schwer zu erkennen, dass sie ziemlich enttäuscht war.

Martin war ein junger amerikanischer Hippie. Wie so viele andere in jener Zeit hatte er eine Menge LSD-Trips geschluckt und war das, was man in jenen Tagen »einigermaßen abgehoben« nannte. Später wurde mir berichtet, dass er in seinem Auto sogar eine Flasche mit Lachgas mitgeführt hatte, um davon schnell eine Nase voll nehmen zu können, wann immer er das brauchte. Er war auf seine Art höchst exzentrisch, aber sehr intelligent, und mein Lehrer hatte mich gebeten, nach Abschluss des Lagers in Chamonix beide, ihn und Catherine, nach Istanbul zu bringen. Ich fuhr also mit einer leidenschaftlichen amerikanischen Schauspielerin, von der ich einen sicheren Abstand hielt, und einem Hippie mit Haaren bis zur Taille.

Wir gaben ein recht merkwürdiges Bild ab. Catherine mit ihrem kurzen Haar, mit neuem Rucksack und neuen Schuhen, und Martin mit sehr wenigen Sachen außer der unvermeidlichen Gitarre, die er gern und häufig spielte, sogar im fahrenden Auto. Wir kamen zur Teezeit in Chamonix an, am Ende der ersten Etappe unserer Reise. Der Wagen musste in der Stadt geparkt werden, auf den Berg fuhren wir mit der Seilbahn und stiegen dann den letzten Teil der Reise zu Fuß hinauf. Eine außergewöhnliche Gruppe von jungen Leuten aus aller Welt war ebenfalls dabei, müde den Berg hochzusteigen, um vor Sonnenuntergang im Lager anzukommen. Ich musste daran denken, dass es mir wegen ihres Alters eigentlich verboten worden war, Catherine mitzubringen, und mir war klar, dass es nicht leicht fallen würde, eine sehr gut aussehende Frau zu verbergen, sogar wenn sie kurze, stachelige Haare hatte!

Nach dem Abendessen, das aus braunem Reis und Gemüse bestand, das Ganze sollte ja ein »spirituelles« Lager sein, suchte der Leiter nach einer Person für den ersten Weckruf um vier Uhr morgens. Raten Sie mal, wer sich freiwillig meldete? Niemand anders als Catherine. Wegen ihrer Bereitwilligkeit zu helfen, wurde es ihr erlaubt, für die Dauer des Lagers zu bleiben, Alter hin oder her.

Neun Tage später war meine Arbeit im Lager abgeschlossen, und wir drei machten uns auf den Weg nach Istanbul. Damals ahnte ich noch nicht, was auf dieser seltsamen Reise alles geschehen würde. Wir fuhren so aufmerksam und bewusst, wie wir konnten, und es dauerte nicht lange, bis wir in Jugoslawien waren – so hieß es damals. Hier bemerkte ich, dass im Wagen eine gewisse Spannung herrschte. Ich habe es nie geschätzt, lange Distanzen zu fahren, und als eingefleischter Brite wünschte ich mir nichts mehr, als allein zu sein. Aber hier war ich nun in diesen Wagen gezwängt mit zwei Amerikanern und einer Mischung von Energie, die für uns alle ein bisschen zu klebrig zu werden drohte. Und wir waren sehr müde.

In dieser Nacht landeten wir in einer winzigen Gaststätte hoch oben in den Bergen Jugoslawiens. Ich hatte schon von solchen Dingen gelesen, aber das war das erste Mal, dass ich mich in einem Raum befand, worin ein Bett stand, groß genug, dass neun Leute darin schlafen konnten! Aber das war das einzige zur Verfügung stehende Zimmer. Ich sagte mir, dass Diskretion der bessere Teil von Heldenmut sei, und legte Martin in die Mitte des Bettes zwischen Catherine und mich. Ich rollte mich zusammen wie ein Ball, so weit weg von den beiden wie nur möglich.

Am nächsten Tag setzten wir die Reise fort, aber im Wagen herrschte eine unheilvolle Stille. Martin spielte ein paar Akkorde auf seiner Gitarre, aber gelächelt wurde nur selten. Wir fuhren den ganzen Tag, und als es Abend wurde, waren wir noch immer in Jugoslawien und ohne Unterkunft. Im Wagen war ein Gefühl von Panik spürbar und ganz sicher ein Mangel an Vertrauen. Schließlich sollte ich die beiden durch Europa führen, und ich leistete nicht gerade gute Arbeit.

Martin saß am Steuer, und ich bat ihn, den Wagen anzuhalten. Wir fuhren gerade einen sehr steilen Abhang hoch. Auf der einen Seite der Straße fiel das Gelände schroff ab, hinunter in ein Tal und zu einem Fluss, den wir weit unten erkennen konnten. An mehreren der scharfen Kurven standen hölzerne, mit Plastikblumen geschmückte Kreuze. An einigen Stellen lagen auch Teile zertrümmerter Automobile neben den Kreuzen. Das war kein gutes Omen. Wahrscheinlich waren die Autos über den Straßenrand hinausgeraten und dann über die Felsen ins Tal hinuntergestürzt.

»Aber wo soll ich anhalten?«, fragte Martin.

»Hier«, sagte ich, wies auf einen freien Platz, ein wenig abgesetzt vom Abhang.

Noch immer kein Zeichen von einem Hotel oder einem Gasthof, und es begann, dunkel zu werden. Nun, seit jungen Jahren war ich Rutengänger, und manchmal wenn ein Rutengänger sehr klar ist, ist es ihm möglich, fast alles zu finden, was wirklich gebraucht wird. Ich nahm mein Pendel hervor, das ich immer in der Tasche trage, stellte mich an den Straßenrand und hielt die Frage fest in meinem Herzen und meinem Verstand. Wir brauchten *wirklich* einen Ort zum Essen und Übernachten. Ich entschied, durch das Alphabet zu gehen und so zu prüfen, ob ich irgendeinen Hinweis erhalten konnte, was als Nächstes zu tun sei. Als ich zum Buchstaben E kam, veränderte das Pendel seine Bewegung. »Sehr bald werden wir ein Motel finden, und der Name des Motels wird mit einem E beginnen«, sagte ich hoffnungsvoll.

Tiefes Schweigen schlug mir entgegen. Es war deutlich sichtbar, dass sie dachten, Reshad sei offensichtlich wieder einmal verrückt geworden. Martin und die Frau standen auf der Straße und sahen wirklich sehr bedrückt aus. Ich lächelte und legte all meine Kraft in das Lächeln in der Hoffnung, dass die Zuversicht einmal mehr wiederhergestellt würde. Wir gingen zurück zu unserem Wagen und fuhren los. Das Schweigen im Auto war betäubend, aber wir erreichten den Gipfel und begannen auf der anderen Seite hinunterzufahren. Wir kamen zu einem Motel, das am Straßenrand stand. Es hieß »Das E-Motel«...

Wir fuhren den ganzen nächsten Tag, aber als der Abend nahte, befanden wir uns in einer ähnlichen Situation. Die Sonne senkte sich auf das Meer, das nahe der Straße lag, auf der wir reisten. Wieder bat ich, den Wagen anzuhalten. Ich stieg aus, ließ mein Pendel kreisen, wieder hielt ich die Frage im Geist und rief dann aus, direkt auf das Meer hinausweisend: »Dort draußen werden wir eine Unterkunft finden.«

Dieses Mal waren meine Gefährten vollständig durcheinander. Alles, was wir sehen konnten, war das Meer, das sich weit hinaus erstreckte; die Sonne war mittlerweile untergegangen. Wir suchten die Gegend ab, und ich spürte, dass nach der letzten Nacht ein wenig mehr Zuversicht vorhanden war. Schließlich fanden wir einen sehr schmalen Fahrweg; er verlief über auf eine Landzunge, die zu einer Insel hinauszuführen schien. Aber es war schon zu dunkel, als dass wir das deutlich hätten sehen können. Der Weg führte uns schließlich zu einem winzigen, unmittelbar an der Küste gelegenen Dorf. Von dort aus konnten wir erkennen, dass nur ein paar hundert Meter vom Ufer weg tatsächlich eine Insel lag.

Ich fand einen Mann, der glücklicherweise ein bisschen Englisch sprach und fragte ihn: »Mein Herr, könnten Sie mir sagen, was sich auf jener Insel befindet?«

»Da war einmal ein Kloster«, erwiderte er, »aber jetzt ist es ein Hotel.«

Ich glaube, in diesem Augenblick atmeten wir alle auf. Seltsam genug: Wir hatten ein Hotel gefunden. Der Mann ließ uns wissen, dass sich dort auch ein Restaurant befand. »Wenn Sie ein Zeichen mit der Autohupe geben, werden sie ein Ruderboot vom Hotel herüberschicken und Sie abholen.« Es schien ihm sehr zu gefallen, uns helfen zu können.

Wir hupten einige Male, und endlich ruderte ein Mann das Hotelboot zu der Stelle, wo wir warteten, und nahm uns mit. Wir legten so viel Gepäck wie möglich in das Boot und ließen den Rest im Wagen. Wir waren alle in einem Schockzustand, aber vielleicht verfügt jeder von uns über eine innere Führung, wenn wir nur die richtige Art finden können, die Frage zu stellen, und wenn es tatsächlich notwendig ist, eine Antwort zu erhalten.

Nachdem wir unsere Mahlzeit mit einer guten Flasche jugoslawischen Weins genossen hatten, wandte ich mich zu den anderen und sagte: »Bis jetzt waren wir auf dieser Reise sehr gesegnet. Ich möchte, dass ihr morgen in der Dämmerung aufsteht, euch wascht und dann zu dem heiligen Brunnen geht, den die örtliche Kirche über Jahrhunderte für die Taufe ihrer Leute verwendet hat.« Wir hatten darüber in einem illustrierten Prospekt gelesen, den uns der Hotelmanager gegeben hatte, als wir mit dem Boot ankamen. »Wenn ihr bereit seid, werde ich kommen, und ich werde ein kleines Aufnahmegerät mitbringen. Fragt mich, was ihr wollt. Ich werde mein Möglichstes tun zu antworten.«

Als Ergebnis ihrer Entscheidung, zu mir zu kommen, entstand später das Buch, dem ich den Titel *Schritte in die Freiheit* gegeben habe. Jeder Vortrag in diesem Buch kam genau von diesem Ort auf der Insel in der Nähe von Dubrovnik. Sie stellten mir Fragen aus dem tiefsten Grund ihres Herzens, und ich gab mein Bestes, um sie aus der tiefsten Tiefe meines eigenen Herzens zu beantworten. Als die Vorträge abgeschlossen waren, war es Zeit weiterzuziehen. Wir kehrten zum Festland zurück, legten unsere Sachen ins Auto und fuhren weiter.

Dann geschah etwas sehr Bedeutsames, das auf uns alle eine starke Wirkung hatte. Ich wollte meine beiden Gäste eigentlich den ganzen Weg bis nach Istanbul mitnehmen, aber als wir die Stadt Dubrovnik erreichten, eine der schönsten Städte, die ich je gesehen habe, wurde mir klar, dass die Reise, zumindest so, wie wir sie gekannt hatten, vorüber war. Für Catherine wurde es Zeit, in die Vereinigten Staaten zurückzukehren. Es war, als habe sich direkt vor mir ein Fenster geöffnet. Ich konnte erkennen, dass sich ihr ein neuer Weg auftun würde, wenn sie in jenem Augenblick handelte.

Was als Nächstes geschah, war so unvermutet und fühlte sich doch so richtig an und so unausweichlich. Ich lenkte den Wagen an den Straßenrand und hielt an. Ich schaute ihr tief in die Augen und sagte: »Du musst sofort nach Los Angeles zurück. Wenn das wahr ist, was ich gesehen habe, dann wirst du innerhalb weniger Jahre als eine der größten Schauspielerinnen der Welt berühmt werden. Du hast etwas empfangen, was die Alchimisten ›die Ingredienz‹ nennen. Es ist ein seltenes Geschenk, und es kann nützlich angewendet werden, wo immer deine Talente liegen.«

Sie hatte sich so sehr gewünscht, nach Istanbul zu fahren, um meinen Lehrer noch einmal zu treffen, aber ich wusste: Für sie war es Zeit zurückzufliegen. Also fuhr ich direkt zum Flughafen von Dubrovnik. Plötzlich, ohne Vorwarnung, gerieten wir in ein Gewitter mit heftigen Regenschauern, die aus allen Richtungen heruntergossen. Als wir am Flughafen ankamen, war der Regen so stark, dass das Wasser durch die Fenster drang und unter den Türen hindurch und die ganze Passagierhalle überflutete. Wie durch ein Wunder gab es einen Platz im nächsten Flugzeug nach Los Angeles.

Zwischen uns wurden keine Worte mehr gewechselt. Es gab einen gemeinsamen Augenblick des Abschieds. Dann umarmten wir uns und sagten uns Lebewohl. Martin und ich schauten zu, wie das Flugzeug in den von Blitz und Donner erfüllten Himmel abhob.

Ich fuhr mit Martin nach Istanbul, und wir lebten auf einem Hügel mit Blick über die Stadt bei meinem Lehrer. Ich hätte ihm so gern die ganze Geschichte erzählt, aber es gab wirklich keine Worte, um zu erklären, was geschehen war. Er hörte mir nur kurz zu und sagte nichts. In dieser Leere, die wir gemeinsam teilten, spürte ich tief in meinem Herzen das Echo des französischen Ausdrucks *Quand c'est fait, c'est tout fait* (Wenn es getan ist, ist es vollständig getan).

Zwei Jahre später hörte ich, dass Catherine in Hollywood ein Oscar verliehen worden war…

Fréjus

EINMAL WOHNTE ICH IN EINEM HAUS IN HOLLYWOOD. DURCH meine Seminare, Artikel und Bücher war ich fast schon zu bekannt geworden. Zwei Paare lebten in diesem Haus und auch eine Frau, die eben geschieden worden war. Ich bin immer sehr intuitiv gewesen, und eines Nachts wurde mir klar, dass mir unmittelbar Gefahr drohte.

Ich vertraue meinen Intuitionen, aber an diesem Abend war ich mir nicht ganz sicher, worin die Gefahr bestand. Doch ich spürte, dass sie näher und näher kam. Ich spürte, wie sich meine Nackenhaare langsam aufstellten! Also handelte ich sehr schnell.

Ich dankte meinen Gastgebern und verließ das Haus durch die Hintertür. Später habe ich herausgefunden, dass genau in dem Augenblick, in dem ich wegging, der Ex-Ehemann der Hausbesitzerin durch die Vordertüre hereinkam. Er dachte, ich hätte ein Verhältnis mit seiner Ex-Frau, was nicht der Wahrheit entsprach. Er war in verschiedenen psychiatrischen Kliniken gewesen und war außerordentlich gefährlich. Weil ich meiner Intuition gefolgt war und gehandelt hatte, war es mir gelungen, einer größeren Katastrophe zu entgehen. Später wurde mir berichtet, dass er verhaftet und ins Gefängnis gesteckt worden war.

In dieser Nacht ging ich zu einem meiner Freunde, einem homöopathischen Arzt. Ich fragte, ob ich die Nacht bei ihm verbringen könne, und schließlich blieb ich drei Wochen. Er und seine Frau waren Schüler Mikhael Aivanhovs, bekannt als ein Meister in der Großen Weißen Bruderschaft. Er stammte ursprünglich aus Bulgarien und leitete in jener Zeit eine Schule in Frankreich. Sie schlugen mir vor, dorthin zu fahren und einige Zeit in seinem Zentrum in Fréjus zu verbringen.

Ich meditierte eingehend über ihren Vorschlag, bevor ich spürte, dass das für mich das Richtige war. Dann schrieb ich, um zu

Mikhael Aivanhov

fragen, ob ich kommen und mich bei ihnen aufhalten könne. Ich erhielt einen Antwortbrief, der besagte, dass ich willkommen sei. Sie fragten mich, ob ich des Französischen mächtig sei. Meine Französischkenntnisse sind bescheiden, aber ich hatte den Eindruck, dass sie wahrscheinlich ausreichen würden, um durchzukommen. Ich kehrte also nach London zurück, mietete ein Auto, setzte dann mit der Fähre von Dover nach Frankreich über und fuhr nach Fréjus, das im Südwesten des Landes liegt. Mein erster Eindruck war so stark, dass ich wusste, dass mich wieder einmal Bestimmung oder *Kismet* führte.

Fréjus war ein großes Landgut mit vielen Gebäuden einschließlich eines Haupthauses mit einem Esssaal für fünfhundert Menschen. Als ich ankam, wurde ich von dem Mann begrüßt, den sie *le Maître,* »den Meister«, nannten. Er war einer der schönsten Männer, denen ich je begegnet bin, und siebzig Jahre alt, als wir uns trafen. Er hatte einen weißen Bart und war makellos gekleidet. In der Tat bemerkte ich später, dass er seinen Anzug dreimal am Tag wechselte. Er ging an einem Spazierstock, der gekrönt war von einem großen, vollkommenen Kristall.

Er bot mir ein kleines Privathaus gleich neben seinem eigenen Haus an und ermutigte mich, so viel Zeit wie möglich mit ihm zu verbringen. Nachdem ich mich ein wenig ausgeruht hatte, ging ich zum Abendessen. Es befanden sich etwa dreihundert Leute im Esssaal; alle saßen sehr still da, mit geradem Rücken. Am hinteren Ende des Saals befand sich eine kleine Bühne mit einem für sechs Personen gedeckten Tisch. Der war für *le Maître* und seine geladenen Gäste. Jeden Tag pflegte er andere Gäste zu unterhalten, so dass jede Person die Möglichkeit hatte, mit ihm zu sein und ihm auf einer tieferen, persönlicheren Ebene zu begegnen. Am anderen Ende des Saals bemerkte ich einen Bereich, der aussah wie ein Aufnahmestudio mit Videokameras und anderen Apparaten.

Ich setzte mich hin und fragte mich, was als Nächstes zu tun sei. Eine tiefe Stille erfüllte den Raum, als alle bewegungslos und mit geschlossenen Augen dasaßen. Dann realisierte ich, dass jede einzelne Person im Raum die gleiche Atemübung machte, die ich selbst vor so langer Zeit gelernt hatte!

Nach einer kurzen Weile stand eine eindrucksvolle ältere Dame auf, und alle zollten ihr Respekt und schenkten ihr vollste Aufmerksamkeit. Sie hielt ein Buch in der Hand, und dann bemerkte ich, dass jede einzelne Person ein Exemplar dieses Buches vor sich hatte. *»Numéro vingt-six«,* kündigte sie an. Ein ruhiges Rascheln von Papier war zu hören, als wir die Seiten des Buches umschlugen, um die Nummer 26 zu finden. Es war ein bulgarisches Lied. Sie begann, uns zu dirigieren, und wir folgten ohne Schwierigkeiten. Der Klang war inspirierend. Nach drei verschiedenen Liedern betrat *le Maître* den Raum hinter der Bühne und setzte sich mit einigen seiner Gäste hin. Wir sangen ein weiteres Lied.

Wir nahmen die Mahlzeit in Stille ein. Sie bestand aus einer kleinen Schale Suppe, einem sehr kleinen Stück Käse, einem Stück Brot und einem Apfel. Nachdem wir das gegessen hatten, brauchte ich zu meiner großen Überraschung nichts mehr. Ich hatte mich in meinem ganzen Leben noch nie so satt gefühlt!

Ich führte ein kurzes Gespräch mit *le Maître,* bevor ich zu Bett ging. Am nächsten Tag wurde ich beim ersten Licht geweckt. Ich wusch mich schnell und trat aus dem Haus, um zu sehen, was als Nächstes geschehen würde. Dann kam *le Maître* und führte uns alle einen steilen Hügel hinauf. Er stützte sich beim Gehen auf seinen schönen Spazierstock, und wir folgten ihm in Stille. Schließlich kamen wir zu einer Stelle, wo ein riesiger Fels stand. Die Aussicht vom Berg war einfach unglaublich, obwohl die Sonne noch nicht aufgegangen war. *Le Maître* setzte sich vor uns hin, und wir versammelten uns um ihn herum. Die Sonne ging gerade über den Hügelkuppen auf, genau gegenüber dem Berg, auf den wir gestiegen waren. Eines der Themen, mit denen der Meister zu jener Zeit arbeitete, war, wie Klang Muster fixiert. Die frühmorgendliche Meditation war also von grundlegender Wichtigkeit für uns alle.

Als die ersten Sonnenstrahlen hervorbrachen, lud er uns ein, ein bestimmtes Gebet oder Mantra erklingen zu lassen. Es war eine Hommage an Gottes Schöpfung in der aufgehenden Sonne. Es hieß *Om Surya.* Wir verbrachten die ganze Zeit im Gebet. Die Sonne blendete, und die Welt schien sehr still zu sein. Dann gingen wir zurück, den Berg hinunter.

Wir gingen in das Haupthaus, wo wir eingeladen waren, einige besondere Bewegungen auszuführen, die ich noch nie gesehen hatte. Sie waren sehr schön, sehr ausgeglichen, und sie drückten eine gewisse weibliche, empfängliche Qualität aus. Danach wurde uns das Frühstück serviert. Es war genau die gleiche Mahlzeit wie das Abendessen, allerdings ohne Suppe. Musik wurde gespielt, und es wurde gesungen, und wieder, obwohl ich nur so wenig Nahrung zu mir genommen hatte, fühlte ich mich überhaupt nicht mehr hungrig. Nach dem Frühstück machten sich alle an die Arbeit, sei es auf dem Land oder bei der Reinigung des Hauses. Die Atmosphäre war sehr harmonisch und die Zusammenarbeit überaus friedvoll.

Ich hielt mich drei Wochen in dem Zentrum auf. *Le Maître* fragte mich, ob ich nicht ständig dort leben wolle, aber ich wusste, dass das nichts für mich war. Mein Pfad war schon vorgezeichnet, und alles, was ich tun konnte, war, seinem Verlauf zu folgen. Mein Aufenthalt in Fréjus war genau das, was ich zu jener Zeit brauchte, und ich bin auf immer dankbar, dass mir diese Erfahrung gewährt wurde. Unser Leben entfaltet sich in einer wahrhaft erstaunlichen Weise. Wenn wir uns einmal daran erinnern, dass das Leben ein Geschenk ist, und wenn wir mit offenen Händen zu ihm kommen, erhalten wir alle Hilfe. Aber wir müssen wach sein. In diesem besonderen Fall erhielt ich so ungefähr alles, was ich brauchte, um in einen richtigen Zustand des Gleichgewichts zu kommen, nachdem ich eine Reihe dramatischer Ereignisse in Hollywood erlebt hatte.

Vielleicht hatte ich dadurch, dass ich empfindsam genug war, das Haus in Hollywood zu jenem Zeitpunkt zu verlassen, und ich mit offenen Händen zu meinem Freund ging, den richtigen Ton getroffen, und die Engel trugen mich den ganzen Weg nach Fréjus. Wenn man am Klavier nur einen einzigen richtigen Ton anschlägt, kann man bis zu zwölf Obertöne erzeugen. Und ich habe immer gesagt, dass die Obertöne eines gut angeschlagenen Tons die Engel herbeibringen können. Tatsächlich hat Jesus selbst gesagt: »Die Zwölf tanzen in der Höhe; tanzt ihr alle! Amen.«

Das verborgene Kloster

EINMAL BAT MICH MEIN LEHRER, MICH UM EINEN JUNGEN Mann zu kümmern, der aus einer alten persischen Familie stammte und Student an der Universität von Oxford war.

Wenn man einen Lehrer akzeptiert, geschieht dies wahrscheinlich, weil man auf dem Weg zur richtigen Person geführt worden ist. Ein Lehrer lehrt uns nicht unbedingt etwas, was uns intellektuell hilft. Ein wahrer Lehrer ist eine Person, die uns helfen kann, unser Leben aus einem unbewussten Zustand oder gar aus dem tierischen Königreich zu transformieren zu einem Ort im Herzen, wo man *weiß*, dass man den Sinn des Lebens auf der Erde kennt. Das ist ein Lehrer.

Dieser junge Mann mit Namen Dorias kam, um mich zu besuchen, und schließlich lehrte er mich ungeheuer viel über die heilige Kunst der Geomantie, worüber ich in vielen Büchern und Artikeln geschrieben habe. Das Wissen war offensichtlich in seiner Familie von Generation zu Generation weitergegeben worden.

Dann sagte mein Lehrer: »Es ist Zeit für ihn, in den Iran zu fahren. Ich will, dass er ein heiliges Kloster findet, das seit langer, langer Zeit das Wissen um bestimmte Dinge besitzt. Ich glaube, dass Dorias den Ort finden kann, von dem ich weiß, dass er im Norden Irans liegt.«

Dorias war tatsächlich genau die richtige Person für diese Aufgabe. Er sprach nicht nur modernes, sondern auch klassisches Persisch, und dank seiner zoroastrischen Erziehung war er gut gerüstet für die Aufgabe, das Kloster wiederzufinden zum Wohle aller Menschen auf der Welt.

Dorias verließ uns also, um in den Norden Irans zu fahren, wie es ihm von meinem Lehrer aufgetragen worden war. Seine genaue Anweisung bestand darin, einen Derwisch zu finden. Ein wirklicher Derwisch kann ein Bankier, ein Geschäftsmann, ein Architekt, eine Hausfrau sein. Das Wort »Derwisch« bedeutet »Schwelle«, worunter normalerweise etwas verstanden wird, was sich quer unter der Tür befindet. Üblicherweise reinigen wir unsere Füße, bevor wir über eine Schwelle treten. Einige Leute meinen, ein Derwisch gehöre zu jenen Leuten, die im Kreis herumwirbeln oder in ihrer totalen Liebe zu Gott ihre Geistesgegenwart verloren haben – was immer er auch sein mag, ein wirklicher Derwisch braucht kein Etikett.

Dorias hatte von Derwischen gehört. Also fuhr er in den Iran, um nach einem Derwisch zu suchen. Haben Sie jemals nach einem gesucht? Darauf müssten Sie sehr gut vorbereitet sein. Sonst könnte es geschehen, dass Sie jemanden finden, den Sie für einen Derwisch *halten,* und der wäre ganz sicher *keiner*. Dorias reiste mit dem Bus. Irgendwo im Iran hielt er in einem kleinen Dorf an, da er eine Intuition hatte. Es gab da ein kleines Dorfzentrum mit einem Restaurant. Er betrat das Restaurant und erklärte, ein großer Lehrmeister habe ihn geschickt, einen Derwisch zu finden. Er fragte die Leute: »Gibt es in diesem Dorf einen Derwisch?«

Lange war es still, dann antwortete jemand: »Ja, es gibt einen. Er ist unser Freund. In unserer Tradition sagen wir *Hu dost,* was bedeutet: ›Gott ist der einzige Freund‹. Er hat wirklich die Trennung verloren zwischen dem, was wir als Gott und Mensch betrachten. Er lebt sehr bescheiden in einem kleinen Haus.« Dorias wurde gezeigt, wo sich das Haus befand.

Als er zurückkehrte, bat ich ihn, mir genau zu berichten, was sich in jener Nacht ereignet hatte. Er sagte: »Es ist fast unmöglich wirklich zu erklären, wie es ist, in der Gegenwart eines Menschen zu sein, der in keinerlei Hinsicht getrennt ist von dem, was ihr in England als das Göttliche bezeichnet.«

Am Morgen, nachdem Dorias den Derwisch getroffen hatte, musste er weiter, weil mein Lehrer ihm aufgetragen hatte, dieses Kloster im Norden Irans zu finden. Er hatte mit dem Derwisch darüber gesprochen und ihm von seiner Mission berichtet.

Der Derwisch sagte: »Ah, morgen gehe ich auch ins nächste Dorf. Vielleicht können wir uns dort treffen?«

Dorias lud ihn dann in gut westlicher Manier ein, mit demselben Bus zu reisen.

Der Derwisch sagte: »Nein, ich gehe zu Fuß.« Die Distanz zum nächsten Ort betrug etwa dreißig oder vierzig Kilometer.

Dorias ging also früh am nächsten Morgen zum Bus. Der Derwisch schüttelte ihm die Hand, und sie wünschten sich gegenseitig eine gute Reise. Als Dorias im nächsten Dorf ankam, fand er, dass der Derwisch vor ihm dort angekommen war! Der Derwisch brauchte keinen Bus.

Ich habe nie herausgefunden, ob Dorias das verborgene Kloster entdeckt hat.

Ein Halt an der Straße

ES GIBT VIELE EBENEN DES BEWUSSTSEINS UND VIELE SICH gegenseitig durchdringende Aspekte des Seins. Im Lauf der Geschichte haben Mystiker ihre Erfahrung dieser Ebenen und Aspekte des Seins beschrieben. Einige dieser Erfahrungen wurden in der Geschichte besiegelt als Kosmologien und spirituelle Philosophien. Verschiedene Symbole wurden auf Siegelringe geprägt und durch die Generationen weitergegeben. Viele Erfahrungen, die wir im Leben in der äußeren Welt machen, sind Zeichen einer größeren Wirklichkeit oder einer allumfassenden Wahrheit. Sie können uns zu einem inneren Verständnis führen.

Ich war eingeladen worden, von Kalifornien ins Innere von Kanada zu reisen, etwa fünfhundert Meilen von Vancouver entfernt. Ich sollte ein Stück Land bei Argenta weihen. Zu jener Zeit war es dazu bestimmt, ein heiliger Ort zu sein, wo jeder leben könnte, eine spirituelle Gemeinschaft, in der Menschen arbeiten und vielleicht für die kommenden Generationen etwas Reales zurücklassen könnten.

Meine Frau, ein weiteres Paar und ich machten uns mit unserem kleinen Auto auf die sehr lange Reise nach British Columbia. Der erste Halt kam, als ich zu schnell fuhr und von der Polizei erwischt wurde. Ich wurde irgendwo im Norden Kaliforniens auf eine Polizeiwache geführt. Hier machte ich meinen ersten Fehler. Vor mir saß der Sheriff. Er trug einen Hut und Stiefel. Diese hatte er auf seinen Schreibtisch gestreckt, und ich befand mich dort, um meine Buße zu bezahlen, weil ich die Geschwindigkeitsbeschränkung überschritten hatte. Mir macht es nichts aus, meine Buße zu bezahlen, wenn ich zu schnell gefahren bin, Ihnen etwa?

Auf der rechten Seite hing eine Reihe von Revolvern an der Wand. »Oh«, sagte ich, »das ist eine nette Sammlung.« Nun, das sollte man einem amerikanischen Polizisten mitten in Nordkalifornien mit seinen Stiefeln auf dem Schreibtisch nicht sagen. Aber ich wollte nicht aufhören. Ich sagte: »Sie haben aber ein schönes Büro.« Das war der zweite Fehler. Die anderen drei schickten sich an zu gehen und dachten: »Was wird er wohl *dieses* Mal tun?«

Es gelang mir, die Buße zu bezahlen und ohne viel weiteres Aufheben davonzukommen. Wir kehrten zurück zu unserem Wagen und fuhren weiter. Die Straße war gepflastert mit guten Absichten. Ich hatte zugestimmt, zu einem bestimmten Zeitpunkt in Kanada zu sein.

Wenn Sie Absichten haben, seien Sie vorsichtig und urteilen Sie nicht über das, was Ihnen unterwegs begegnet – es könnte genau das sein, was Sie *brauchen* und nicht unbedingt, was Sie *wollen*. Es war deutlich, dass trotz unserer besten Absichten eine Kraft, die ich manchmal »diagonale Kraft« oder auch »Risiko« nenne, auf dieser Reise eine Rolle spielen sollte, um uns von unserem Ziel abzubringen…

So fuhren wir weiter. Wir machten in einem schönen Naturpark Halt, um Sandwiches zu essen. Wir setzten uns hin und packten die Brote aus, als plötzlich zwei Bären auftauchten. Ich ging hin und bot ihnen ein Sandwich an. Das war der dritte Fehler. Meine Freunde waren zutiefst erschrocken. Sehr großzügig gab ich den Bären mein Sandwich, aber ich hatte keine Ahnung, warum sie *tatsächlich* gekommen waren. Es stellte sich heraus, dass es für eine der beiden Damen die falsche Zeit im Monat war und die Bären viel größeres Interesse an ihr zeigten. Sie sagte, wir müssten sofort weiterfahren. Also rafften wir unsere Sachen zusammen und liefen los, die beiden Bären stampften wuchtig hinter meiner Freundin her. Wir sprangen ins Auto und fuhren los.

Dann kamen wir zu einem Ort mit Namen Plains, Wyoming. Wir fuhren in einem kleinen Auto, es war etwa Mitternacht auf dem Highway, und plötzlich hatte der Wagen eine Panne! Ich schlug vor, wir sollten per Anhalter weiterfahren, aber die anderen hatten zu große Angst mitzukommen. Sie wollten sich im Auto einschließen, weil man nie weiß, *was* mitten in Plains, Wyoming, geschehen kann.

Ich sagte: »Es sind etwa drei Meilen zurück zur nächsten Garage – ich trampe dorthin.« Also stieg ich aus dem Wagen und fuhr per Anhalter zurück zu dem Ort, wo sich eine Tankstelle und ein Café befanden. Ich hatte nur wenig Geld bei mir und wusste nicht recht, was ich tun sollte. Also ging ich in das Café, setzte mich an die Bar und bestellte einen Kaffee. Der Mann zu meiner Rechten trug einen großen Cowboyhut und Stiefel. Ich sagte: »Hi.«

Das war ein Fehler. Sprich in Plains, Wyoming, nie jemanden an! Er zog einen langen Trommelrevolver aus seiner Tasche, hielt ihn direkt vor meinen Kaffee und schaute mich an. Kein Wort wurde gesprochen. Dazu kam, dass der Revolver aus Messing hergestellt war, das aus dem neunzehnten Jahrhundert stammen musste.

Ich wandte mich an den Mann, der den Kaffee servierte, und sagte: »Entschuldigen Sie bitte, ich habe drei Freunde, die drei Meilen von hier am Straßenrand im Auto festsitzen. Wir brauchen jemanden, der das Auto repariert. Haben Sie irgendeine Idee?«

Nach einer langen Pause sagte er: »Gewiss. Der Mann dort drüben kann Ihnen vielleicht helfen.«

Also ging ich in die Dunkelheit hinaus. Es war kurz nach Mitternacht, als ich versuchte, im Dunkeln auszumachen, wer dieser Mann war. Da er schwarz war, konnte ich ihn kaum erkennen. Also sagte ich: »Entschuldigen Sie, sind Sie der Mann, der mir helfen kann, ein Auto zu reparieren?« Er erwiderte: »Sicher, Mann, das ist meine Aufgabe. Ich bin Ingenieur. Man nennt mich Black Jack.«

Ich sagte: »Großartig! Könnten Sie mir vielleicht helfen?«

Ich war ein bisschen verwirrt wegen seines Namens. Aber es war auch wichtig, dass wir nach Kanada weiterfahren konnten, und er schien die einzige Person zu sein, die uns helfen konnte. Ich sagte mir, dass ich ihn später bei Gelegenheit nach der Bedeutung seines Namens fragen würde.

Wir gingen zu seinem Laster. »Wo steht er denn?«, fragte er und meinte damit meinen Wagen. Ich erklärte ihm, dass man nur ein paar Meilen den Highway hochfahren müsse, um hinzukommen.

Er sagte: »Los, steig ein«, ließ mich in einem Kleinlastwagen mit einem Kran Platz nehmen, und wir ruckelten los, zurück zu meinem Wagen, wo meine Freunde noch immer warteten.

Black Jack öffnete die Motorhaube, überprüfte alles, zog mal hier und drückte mal da – nichts. Der Wagen sprang nicht an. Der Motor lief nicht, da war keine Elektrizität, nichts.

»Nun«, sagte er, »es ist wohl besser, wenn Sie mit mir kommen und bei mir übernachten.« Meilenweit gab es keine Hotels.

Ich sagte mit viel Reshad-Enthusiasmus: »Welch gute Idee.« Meinen Freunden gefiel das nicht allzu sehr, aber was sonst konnten sie schon tun? Wir stiegen alle in den Laster von Black Jack und fuhren etwa dreißig Meilen in die totale Wildnis von Wyoming.

Ich fragte mich noch immer nach der Bedeutung seines Namens. Als ich mich im Laster umschaute, bemerkte ich einen Wust von Drähten und ein Mikrofon und einen Lautsprecher, die an ein seltsames Durcheinander von endlos vielen elektrischen Utensilien angeschlossen waren.

Da ich von Natur aus den Dingen auf den Grund gehen will, eine Eigenschaft, die mich fortwährend in Schwierigkeiten bringt, wandte ich mich zu ihm um und fragte: »Warum heißen Sie Black Jack?«

Er setzte ein großes, breites Lächeln auf, wie es nur von einem großzügigen Herzen kommen kann.

»Nun, Mann, das ist so«, sagte er. »Da gibt es diese Lastwagenfahrer. Sie müssen zu einer bestimmten Zeit an einem bestimmten Ort sein. Sie drücken aufs Gas. Die Polizei will sie erwischen. Wir haben in jedem unserer Autos und Lastwagen Funkgeräte. Wir sind eine Bruderschaft. Sie gaben mir den Namen Black Jack. Sie rufen mich an: ›Black Jack, Black Jack, hörst du? Kommen sie?‹ Ich fahre mit meinem Wagen um die Hügel, da wo wir jetzt sind, und schaue, ob die Polizei kommt. Dann benutze ich mein Funkgerät, und ich sage: ›Black Jack, Black Jack‹. Das ist mein Codename. Was mein richtiger Name ist?«

Als wir zu seinem Haus kamen, standen dort in der Wildnis etwa fünfzig defekte Autos herum, dazu neunzehn Hunde und ein Pony, das meinte, es sei ein Hund, und versuchte, in den Wohnwagen zu steigen!

Black Jack ging zur Türe und rief: »Frau! Komm raus! Wir haben Gäste.«

Seine Frau tauchte aus dem Wohnwagen auf. Sie schaute uns einfältig an und fragte, ob wir hereinkommen wollten. Ich konnte die Augen nicht von der Wand des Wohnwagens nehmen, wo eine Reihe von Gewehren und Pistolen hing – so etwas hatte ich noch nie in meinem Leben gesehen. »Wozu bin ich wohl diesmal hier?«, fragte ich mich.

Die anderen wollten nicht hereinkommen. So ruhte ich mich aus, bis die Sonne aufging – ich konnte nicht schlafen mit all diesen Gewehren um mich herum.

Am nächsten Morgen brachte er uns Kaffee und sagte: »Nun, Frau, bringen wir den Wagen zum Laufen.« Es stellte sich heraus, dass sein Auto keine Nummernschilder hatte. Also malte er einfach ein falsches Nummernschild hinten auf das Auto. Wir waren etwa fünfunddreißig Meilen von der nächstgelegenen Straße in Plains, Wyoming, entfernt.

Sie waren ganz aufgeregt, dass sie Gäste hatten. Black Jack erzählte uns die Geschichte von Plains, Wyoming. »Ist es nicht der schönste Ort, den ihr in eurem Leben gesehen habt?«, sagte er.

Endlich stiegen wir in das Auto. Es hatte keine Stoßdämpfer und schaukelte deshalb wie ein Boot! Und weil er offensichtlich nicht mit diesem Auto fahren durfte, mussten wir über die Berge fahren. Ich genoss jede einzelne Minute davon.

Ich saß vorn, die anderen drei verschreckt auf dem Rücksitz, und ich stellte Fragen. Plötzlich sagte er: »Hey, schaut, wie diese Mustangs laufen!« Dort war eine ganze Herde von Wildpferden zu sehen. Er nahm einen riesigen Revolver aus dem Handschuhfach, drehte das Fenster auf meiner Seite herunter und schoss durch das offene Fenster auf die Pferde.

Irgendwie kamen wir schließlich zurück zum Highway und fuhren zu meinem kleinen Auto. Da Black Jack das Auto nicht hatte starten können, sagte ich: »Lasst mich mal versuchen.« Also stieg ich in das Auto, drehte den Schlüssel – und der Motor sprang sofort an! Black Jack stieß ein Wort mit vier Buchstaben aus, und wir konnten es nicht glauben. Wir wollten ihm Geld für seine Mühen geben, aber er weigerte sich, es anzunehmen. Er schüttelte den Kopf, schenkte uns eines seiner enormen Lächeln und fuhr weg. So reisten wir weiter nach Kanada.

Schließlich kamen wir ohne einen weiteren Halt rechtzeitig an unserem Ziel an, um das Land in Argenta zu weihen.

Die Welt des Herzens

KÖNNEN SIE EINEN ANDEREN MENSCHEN IN IHR LEBEN hereinlassen und in Ihr Herz? Die Wahrheit ist, dass nicht Gott in Ihrem Herzen ist, sondern dass Sie im Herzen Gottes sind. Das erste Mal, als ich jemanden in mein Herz hereinließ, starb ich. Ich ließ meinen Ehrgeiz sterben. Ich starb vollständig in so vielerlei Hinsicht. Wenn wir jemanden in unser Leben hereinlassen können, in unser Herz, ohne Furcht, aber mit Dankbarkeit, Mut und Vertrauen, dann ist wahres Erkennen der Einheit möglich.

In der Herzenswelt
Gibt es in den Blättern eines Baumes
Neunundneunzig Schattierungen von Grün.

In der Herzenswelt
Gibt es zahllose Berührungen
Von Mann und Frau.

In der Herzenswelt
Können Kristalle singen.

In der Herzenswelt
Dreht sich die Erde der Schönheit zu,
Die Gott uns gab.

In der Herzenswelt
Singe ich ein Lied.

Das Hochzeitsgeschenk

ALS ICH IN KANADA LEBTE, HATTE ICH EIN KLEINES HAUS am Campbell River in British Columbia gemietet. Bald danach begegnete ich zwei der freundlichsten Menschen, die ich je gekannt habe. Sie waren verheiratet, und der Ehemann arbeitete als Förster und Führer für Angler. Seine Frau arbeitet heute für die kanadische Regierung und hilft den Ureinwohnern Amerikas, ihre Freiheit und Würde aufrechtzuerhalten.

Eines Tages erhielt ich von zwei meiner Schüler in Vancouver eine Einladung zu ihrer Hochzeit. Ich wusste nicht, was ich ihnen als Geschenk geben könnte. Ich hatte zu jener Zeit sehr wenig Geld, also bat ich meinen Freund George, den Anglerführer, mich zum Angeln mitzunehmen. »Was immer ich fangen werde, ich werde es ihnen geben«, sagte ich.

In dieser Gegend konnte man alles fangen, vom Kabeljau bis zu einem Hai, aber mein Ziel war es, einen großen Lachs zu fangen!

»Was immer ich fangen werde...«

Einer meiner größten Helden ist Ernest Hemingway, der sein ganzes Leben lang Angler war. George und ich fuhren also am Morgen früh vor der Dämmerung hinaus. Es war kalt. Das erste Licht trennte Himmel und Meer. Es lagen nur wenige Boote auf dem Wasser, vor allem Berufsfischer. Mein Führer hätte niemals etwas getan, was die Ökologie von Wasser oder Land beeinträchtigt, also mussten wir unseren eigenen Köder fangen! Wir fuhren zu einem Indian Village genannten Ort. Etwa eine halbe Meile von der Küste entfernt, befand sich eine Wasserströmung. Dort, das wussten wir, gab es Heringe. Wir wollten Heringe fangen, ohne sie zu verletzen, weil wir sie als Köder für den Lachs benutzen wollten. Ist es nicht wahr, dass man immer erst etwas fangen muss, um etwas anderes zu fangen?

George stellte den Motor ab, und das Boot wurde unter eine hohe Klippe getrieben. Um Hering zu fangen, verwendete er eine biegsame, fast fünf Meter lange Holzstange mit etwa hundert Nadeln, die am Ende vorstanden. Er tauchte sie tief ins Meer, zog sie schnell heraus und schüttelte dann die Heringe von der Stange in einen besonderen Behälter, der von frischem Meerwasser durchspült wurde.

Nachdem wir die Heringe eingesammelt hatten, fuhren wir direkt auf das unruhige Meer hinaus. Die ganze See war in Aufruhr. Eine riesige Welle hob unser kleines Boot höher und höher. Wir ließen die Angelschnüre hinunter. Wir hatten Hering gefangen, und nun waren wir hinter dem Lachs her. Das Boot schwankte heftig in dem Strudel wilden Wassers.

Innerhalb von Minuten hatte George einen Fisch an der Leine. Ich beobachtete, wie er ihn mit großer Sorgfalt und Zuversicht hereinbrachte. Es war ein großer Kabeljau. Plötzlich spürte ich auch an meiner Leine ein starkes Zerren. Ein riesiger Lachs hatte angebissen, zuerst zog er uns in die eine Richtung und dann in eine andere. Nach etwa zwei Meilen Kampf brachten wir den Fisch endlich ins Boot. Es war der größte Lachs, den ich je gesehen hatte!

Ich war mit einem Ziel fischen gefahren: um meinen beiden Freunden, die heirateten, etwas Einzigartiges und Wunderbares zu geben. Gott ist der Einzige Versorger, und Er weiß es am besten. Der Lachs war so groß, dass ich nicht wusste, wie ich ihn die ganze Strecke bis nach Vancouver transportieren sollte. Die Reise von Campbell River nahm viereinhalb Stunden in Anspruch. George sagte, wir könnten ihn in Trockeneis einpacken, so würde er frisch bleiben. Ich starrte den Fisch an und sagte: »Aber wie, um Himmels willen, werde ich ihn kochen?«

Er fragte mich: »Wie viele Leute musst du verpflegen?«

»Vierundsechzig«, erwiderte ich.

»Vielleicht musst du noch einen fangen«, meinte er.

»Nein«, insistierte ich, »der hier wird für alle genug sein.«

Wir fanden Leute, die uns halfen, den Fisch in Trockeneis einzupacken. Sie legten ihn ins Auto, und ich fuhr mit hoher Geschwindigkeit in die Stadt hinunter. Nach vier Stunden erreichte ich die Fähre und setzte nach Vancouver über. Es war eine größere Aufgabe, den Fisch in die Küche zu tragen. Dazu kam, dass er ganz offensichtlich zu groß war und nicht in den Ofen passte. Wir mussten ihn halbieren und eine Platte finden, die groß genug war, um ihn zu servieren.

Ich bereitete den Fisch für alle Gäste der Hochzeit zu, dekorierte ihn so schön wie möglich und servierte ihn den vierundsechzig Gästen. Als alle satt waren, war ich erstaunt, dass noch immer die zweite Hälfte übrig war. Man könnte fragen, wie das denn möglich sei. Später gab es viele Diskussionen, denn es wäre rein technisch unmöglich gewesen, vierundsechzig Leute mit einem *ganzen* Fisch dieser Größe satt zu machen, ganz zu schweigen von einem *halben.* Vielleicht hatte es etwas zu tun mit der Qualität der Absicht, die an diesem Tag in das Angeln gelegt wurde. Dadurch wurde eine bestimmte Ingredienz zum Fisch hinzugefügt, und die Leute waren zufrieden mit dem, was gegeben wurde, und brauchten nicht mehr.

Vielleicht ist es so, dass, wenn man nach Liebe angelt und Liebe fängt und *von* der Liebe gefangen wird, man eine enorme Anzahl von Menschen nähren kann. Hat nicht Jesus Christus genau das gemacht? »Wo«, so fragte ein berühmter Scheich einmal, »ist der Jesus deines eigenen Seins?«

Die zwei Sheriffs und die Sauce Béarnaise

ICH WURDE NACH SEDONA, ARIZONA, EINGELADEN, UM EINIGE Vorträge und Unterweisungen über Geomantie zu halten. Das Ehepaar, das mich eingeladen hatten, war sehr kultiviert. Sie war Cellistin in einem Symphonieorchester, und er war Kunstmaler, ein wirklicher Künstler, der ursprünglich aus Südamerika stammte.

Der Mann war fast vollständig erblindet. Er war ein sehr ergebener Christ und meditierte auch. Als er fast neunzig Prozent seiner Sehfähigkeit verloren hatte, wandte er sich an Gott und sagte: »Was immer übriggeblieben ist von meiner Sehfähigkeit, ich gebe sie Dir. Ich werde Maler werden.« Bis zu diesem Zeitpunkt hatte er in seinem Leben noch nie gemalt. Aber er wurde dann einer der berühmtesten Maler des Südwestens. Sie besaßen ein wunderbares Zuhause, und meine Frau und ich lebten drei Wochen lang bei ihnen, bis wir etwas Eigenes fanden.

Am Ende unseres Aufenthalts wünschte ich so sehr, ihnen etwas zurückgeben zu können. Ihre Freundlichkeit und Gastfreundschaft waren wirklich außerordentlich gewesen. Aber was kann man jemandem geben, der schon alles hat? Ich entschied, dass es wohl das Beste sei, sie zu einem wirklich herrlichen Abend auszuführen. Ich wollte ihnen eine Nacht schenken, an die sie sich erinnern würden.

Ich hatte von einem Schweizer Koch gehört, der ein sehr teures Restaurant in den Außenbezirken Sedonas führte. Mein Künstlerfreund hatte einmal als Saucenkoch im Maxim's in Chicago gearbeitet. Was er bei seiner Arbeit machte, war reine Alchimie. Offensichtlich war es eine gefährliche Idee, ihn in ein Restaurant in Arizona einzuladen, aber da der Koch ein Schweizer war, dachte ich mir, dass es in Ordnung sein sollte.

Ich reservierte einen Tisch und ließ unsere Freunde auf besondere Art abholen. Ich freute mich auf ein großartiges Abendessen. Als wir ankamen, wurden wir vom Koch begrüßt, der auch der Besitzer des Restaurants war. Im Restaurant saßen etwa dreißig

Gäste. Wir setzten uns und begannen den Abend mit einer Flasche des besten Champagners. Später tranken wir Wein und studierten die Karte. Ich war wie so oft voller Enthusiasmus, und vielleicht hörte ich nicht genau hin, was in diesem Augenblick gesagt wurde. Statt dessen sehnte ich mich einfach danach, »mit einer Liebe über alle Maßen« etwas zurückzugeben.

Es dauerte nicht lange, bis ich bemerkte, dass mein Gast nicht sehr zufrieden war. Er trug enorm dicke Brillengläser, und es war schwierig für mich, in seine Augen zu sehen. Aber da ich nahe bei ihm saß, konnte ich spüren, dass etwas in ihm hochkam, und es war keine Verdauungsstörung! Er hatte ein starkes südländisches Temperament, und er war ganz eindeutig unzufrieden mit dem, was vor sich ging. Um die Stimmung am Laufen zu halten, begann ich also, Witze zu erzählen, und er schloss sich mit einigen eigenen Geschichten an. Aber ich konnte spüren, dass etwas schieflief.

Schließlich wurde der Hauptgang serviert. Er hatte ein medium gebratenes Steak bestellt, mit einer Sauce Béarnaise. Ich hatte dasselbe bestellt. Ich gebe zu, die Sauce schmeckte für mich nicht wie eine Sauce Béarnaise, aber ich war nie Saucenkoch im Maxim's gewesen. Plötzlich erglühte mein Freund in flammendem Rot. Seine Wangen erröteten wie der Kamm eines Truthahns. Er starrte mich durch seine dicken Gläser an, stand auf und bat darum, entschuldigt zu werden.

Dann ergriff er seinen Teller mit dem Steak und der Sauce Béarnaise und verlangte nach dem Küchenchef. Das ganze Restaurant hielt den Atem an. Als Engländer bin ich so etwas gewohnt, aber die Amerikaner sind das nicht. Der Koch kam aus der Küche und schüchtern zu unserem Tisch herüber. Er war etwa halb so groß wie mein Gast. Der hielt ihm seinen Teller direkt unter die Nase und schrie: »Halten Sie das hier für eine Sauce Béarnaise? Das ist keine Sauce Béarnaise! Das ist verbrannter Müll!«

Ich saß ruhig da und wusste nicht recht, was ich tun sollte. Mein Freund schrie den Küchenchef weiterhin an, der alles leichtzunehmen schien. Endlich setzte sich mein Gast. Er kochte noch immer; seine Brillengläser waren buchstäblich beschlagen. Seine Frau wusste nicht, wie sie reagieren sollte, aber sie war ihm ergeben und unterstützte ihn immer. Meine Frau gab keinen Kommentar ab. Alle Gäste des Restaurants bezahlten still ihre Rechnungen und verließen das Lokal. In Amerika sollten Sie sich nie beklagen; wenn Sie es trotzdem tun, dann müssen Sie damit sehr vorsichtig sein.

Der Koch verschwand wieder in der Küche. Wir blieben an unserem Tisch sitzen und begannen über die innere Bedeutung des Sufismus zu sprechen und welche Beziehung er zum Katholizismus hat. Ich mag es immer, mich mit einer Situation zu beschäftigen und dann zur nächsten überzugehen, als ob nichts geschehen wäre. Soweit es mich betrifft, besteht die einzige Lebensart darin, im gegenwärtigen Augenblick zu leben.

Plötzlich betrat einer der größten Männer, die ich je gesehen habe, das Restaurant. Es war der Sheriff von Sedona, und er war in Begleitung seines Deputy, einer Miniaturversion seiner selbst. Beide trugen sie die unvermeidlichen Cowboyhüte und Stiefel. Sie erinnerten mich an Tweedle-Dum und Tweedle-Dee. Als sie hereinkamen, war ich schockiert, sie zu sehen, denn ich hatte schon vergessen, wie heftig diese Auseinandersetzung eigentlich gewesen war. Sie schauten so komisch aus, als sie das Restaurant betraten, dass ich fast lachen musste. Aber ich hielt mich unter Kontrolle.

Der Besitzer des Restaurants eilte herbei, um der Auseinandersetzung beizuwohnen. Beide Sheriffs kamen zu mir herüber, der große schaute mir in die Augen und sagte: »Haben Sie Ihr Mahl gegessen?«

Ich erwiderte: »Ja, hmmm, ja das habe ich.«

Dann fragte er: »Haben Sie dafür bezahlt?«

»Ja, das habe ich«, antwortete ich. »Das Geld liegt hier auf dem Tisch, gleich neben der Rechnung.«

Er fuhr fort, mich zu befragen: »Haben Sie irgendwelche Klagen wegen des Essens vorzubringen?«

Nun wurde mir langsam mulmig. Würde mein südamerikanischer Freund gleich aufspringen und den Sheriff wegen der Sauce Béarnaise anschreien? Für mich war deutlich zu sehen, dass der Sheriff noch nie das Wort »Béarnaise«, geschweige denn »Sauce« gehört hatte. Der Sheriff sah so bedrohlich und gefährlich aus, dass wir fast in Panik verfielen. Statt dessen begannen wir alle gemeinsam zu atmen. Dann wies ich erneut auf das Geld auf dem Tisch. Natürlich hatte ich die Rechnung bezahlt und auch ein angemessenes Trinkgeld hingelegt. Es machte überhaupt keinen Unterschied, ob ich die Sauce Béarnaise mochte oder nicht.

Ich stand auf, erhob mich zu meiner vollen Größe, und mit einem Lächeln in meinem Herzen und unbewegtem Gesicht ging ich direkt auf den Sheriff zu, starrte ihn an und sagte: »Sie haben drei Kinder, nicht wahr?«

Der Sheriff begann, weich zu werden, wie rosa Eiskrem an einem heißen Sommertag.

»Woher wissen Sie das?«, fragte er sanft.

Ich grinste und erwiderte: »Weil ich auch drei habe.« Alle lächelten. Nach dieser einfachen Konfrontation in Liebe ging alles gut. Die beiden Sheriffs waren zufrieden, als sie weggingen, und mein Freund erklärte dem Schweizer Koch sogar, wie eine richtige Sauce Béarnaise gemacht wird.

Als ich mich am nächsten Morgen bereit machte, zu unserem neuen Haus hinüberzufahren, gaben mir meine Gastgeber ein Geschenk – einen Cowboyhut, genau wie derjenige, den die Sheriffs getragen hatten. Frühmorgens waren sie in das Hutgeschäft gefahren und begegneten dort dem Sheriff aus dem Restaurant. Er trug Zivilkleider, aber sie erkannten ihn. Mein Freund fragte: »Sind Sie nicht der Sheriff von gestern Nacht?«

Sie waren beide erstaunt.

»Ja, der bin ich«, erwiderte der Sheriff.

»Können Sie mir sagen, welches die Größe Ihres Kopfes ist? Ich denke, es könnte in etwa die gleiche sein wie die meines Freundes mit den drei Söhnen.«

Bis zum heutigen Tag besitze ich diesen Cowboyhut.

Lebe wohl, Sedona

NACH SECHS MONATEN MIT VORTRÄGEN UND SEMINAREN IN Sedona spürte ich, dass es Zeit war, weiterzuziehen. Ich wartete darauf herauszufinden, wohin ich als Nächstes gehen würde. Wir lebten in einem großen Haus nahe einem Golfplatz in einer Gemeinschaft mit sechs anderen Leuten, umgeben von einer spektakulären Landschaft von unglaublicher Schönheit. Dann erhielten meine Frau und ich aus dem Blauen heraus eine Einladung, bei einem Projekt in Texas mitzuhelfen. Die Menschen, die wir in Sedona kannten, waren sehr freundlich zu mir gewesen, also entschloss ich mich, sie alle zu einer Abschiedsparty einzuladen. Am Tag der Party kam ein enger Freund von mir mit seiner Frau aus

Boulder an, um beim Packen zu helfen und uns nach Texas zu begleiten. Er war ein Akademiker, Historiker, und war noch nie zuvor in diesem Teil der USA gewesen.

Ich sagte zu ihm: »Bevor die Party beginnt, will ich dir ein paar Felszeichnungen zeigen.« Diese Petroglyphen sind wunderbare, in den Bergen verborgene Felszeichnungen von Indianern. Wir begannen also zu siebt die steile Klettertour auf den Berg, um sie dort zu finden. Unglücklicherweise vergaß ich, Wasser mitzunehmen, und jener Tag war äußerst heiß. Wir stiegen über Stacheldrahtzäune und kletterten mit großem Enthusiasmus die Felsen hoch. In der Zwischenzeit bereitete sich meine Frau im Farmhaus darauf vor, halb Sedona zu empfangen.

Schließlich erreichten wir die Felszeichnungen. Sie waren so alt und schön, dass ich inspiriert wurde, mit meinen Freunden über sie zu sprechen. Die Zeit verstrich. Plötzlich schaute ich auf meine Armbanduhr. Es war schon später Nachmittag. »Die Party!«, rief ich. Ich hatte die Party vergessen, und ich wusste, meine Frau würde wütend sein!

Die Wüstenhitze machte uns alle sehr durstig, und mir war klar, dass wir schnell den Berg hinunterkommen mussten. Ich konnte unser Haus neben dem Golfplatz sehen. Es sah von unserem Standort so klein aus. Sicher mussten wir uns beeilen. Wir rannten den Berg hinunter, und plötzlich rutschte ich aus und fiel in einen großen Kaktus. Der Schmerz war überwältigend – ich hatte mehr als hundert Stacheln in meinem Hintern stecken.

Meine Freunde halfen mir zum Haus zurück. Die anderen warteten schon auf uns und machten sich große Sorgen, weil die ersten Gäste bereits angekommen waren. Wir wollten für etwa zweihundert Gäste kochen und hatten meine Frau zurückgelassen, damit sie alles allein vorbereite. Ich humpelte und schaute fast wie ein verletztes Stachelschwein aus. Sie führten mich zu meinem Bett und legten mich auf den Bauch. Die Stacheln, über fünf Zentimeter lang, waren durch die Hosen und das Hemd hindurch in meinen Rücken gedrungen. Ich begann zu realisieren, dass sie halluzinogen waren, und das Erleben verschob sich von schmerzhaft zu wunderbar bizarr. Meine Frau kam, nahm sich eine Pinzette und begann, die Stacheln, einen nach dem anderen, herauszuziehen. Das ärgerte mich sehr.

Mir schien, als liefen Hunderte von Fremden durch mein Schlafzimmer. Also setzte ich mich auf – einige Kaktusstacheln steckten noch immer in meinem Körper – und sagte: »Wer sind diese Leute? Warum sind sie hier?«

Meine Frau fragte mich nach der Uhrzeit.

»Ich weiß nicht«, erwiderte ich.

Sie fragte mich: »Welcher Tag ist heute?«

»Ich weiß es nicht«, antwortete ich. »Wer sind all diese Leute, und wo sind sie hergekommen?«, schrie ich.

Sie erwiderte: »Reshad, das ist unsere Abschiedsparty.«

»Oh!«, sagte ich zu mir selbst. Ich fiel auf das Bett zurück, und sie entfernte den Rest der Stacheln. Ich ruhte mich für eine weitere Viertelstunde oder so aus. Ich konnte hören, wie einer meiner Freunde im angrenzenden Zimmer Piano spielte. Die Party begann in Schwung zu kommen. Ich stand auf, zog meine besten Kleider an und schloss mich meinen Gästen an, als wenn nichts geschehen wäre. Wir tanzten die ganze Nacht hindurch, und am nächsten Morgen packten wir unsere Sachen und fuhren los Richtung Texas.

Bäumepflanzen in Texas

EIN EHEPAAR, DAS EINES MEINER SEMINARE BESUCHT HATTE, besaß ein großes Stück Land im Panhandle von Texas. Der Panhandle ist eine riesig große Gegend von hochgelegenen, wilden Ebenen, die auf der Karte wie ein Pfannenstiel aus dem Bundesstaat herausragt. In diesem Teil von Texas stehen nicht viele Bäume. Es ist richtiges Cowboyland. Dieses Paar wollte einen großen Hain mit Bäumen anlegen, weil sie meinten, das sei ein fabelhafter Beitrag zum Gesamtbild der Landschaft. Sie schrieben mir, erzählten mir von ihrer Vision und baten um meine »Hilfe«. Ich sagte ihnen: »Das ist eine wunderbare Idee. Die Bäume werden die Atmosphäre verändern helfen. Sie werden das Wetter in ein Gleichgewicht bringen und Vögeln und anderen Tieren mehr Nahrung und Schutz bieten. Und selbstverständlich wird das auch zur Schönheit der Landschaft beitragen.«

Ich sagte ihnen, ich käme so schnell wie möglich dorthin und versprach auch, als Unterstützung ein Arbeitsteam zusammenzustellen.

Nachrichten über dieses Projekt gelangten bald zu all meinen Freunden. Ein Arzt in Neuengland hörte davon und spendete fast tausend Baumsprösslinge, die schnell nach Texas transportiert wurden.

Eine Gruppe von etwa acht entschlossenen Leuten von überall her in den Staaten reiste nach Texas an. Einige kamen aus Kalifornien, einige aus Colorado, Arziona und Neuengland und einige aus anderen Teilen von Texas. Meine Frau und ich trafen als Erste dort ein, einige Tage vor den anderen. Es war eine lange Reise. Wir waren verblüfft zu sehen, wie groß und leer die Landschaft war. Es ist tatsächlich wie eine riesige Ebene, die sich in die Ewigkeit zu erstrecken scheint.

Für unseren Aufenthalt wurde uns das Haus der Familie unseres Freundes zur Verfügung gestellt, während sie in eine sehr bescheidene, nahegelegene Holzhütte umzog. Das Haus stand allein an der Flanke eines kleinen Hügels. Von dort schien die Aussicht endlos. Der Besitz selbst war so riesig, dass seine Grenzen hinter dem Horizont lagen. Unmittelbar bevor es dunkel wurde, verwandelte sich das Land in ein dunkles Blau, wie das Meer im Zwielicht. Ich hatte nachts noch nie so viele Sterne gesehen. Sie schienen mit der Erde zu verschmelzen. Wenn man sich auf den Rücken legte und nach oben schaute, war es fast, als könne man durch diese Sterne in weit jenseitige Dimensionen blicken.

Ich spreche häufig darüber, wie wichtig es ist, für Eindrücke wach zu sein. Unsere ersten Eindrücke von diesem Ort nahmen wir auf, als wir den Privatweg entlangfuhren, der drei Meilen von der Hauptstraße wegführte. Meine Frau saß am Steuer. Wir hatten etwa die Hälfte des Weges hinter uns, als ich einen Kleinlastwagen mit einem Pferdeanhänger und zwei an den Seiten herausschauenden Pferden erspähte. Der Laster fuhr mit hoher Geschwindigkeit auf uns zu, und als wir näher kamen, wollte ich anhalten und »Hallo« sagen; schließlich mussten es Freunde des Paares sein, das uns eingeladen hatte. Beide Fahrzeuge hielten gleichzeitig an. Der Fahrer des Lasters und der alte Mann, der ihn begleitete, trugen Cowboyhüte. Man sagt, dass wirkliche Cowboys ihre Hüte oder Stiefel nie ausziehen, nicht einmal im Bett. Als ich sie musterte, wusste ich, dass sie wie ihre Väter und Großväter richtige Texas-Cowboys waren.

Der Fahrer schaute auf mich herunter aus seinem Laster und sagte in schleppendem, texanischem Slang: »Sie müssen also Dr. Feild sein.«

»Ja, der bin ich«, erwiderte ich.

»Nun, wir wussten, dass ihr alle kommt. Übrigens... mein Name ist Rob. Was trinkt ihr alle?«

In bestem britischen Akzent antwortete ich: »Nun, ich trinke Bier.« Ich genehmigte mir gerade eine Flasche englisches Ale.

Rob grinste: »Sie sollten mal das texanische Bier versuchen. Möchten Sie eins?«

Er hob eine halbvolle Flasche mit amerikanischem Whiskey hoch. Ich mag Whiskey nicht, aber um höflich zu sein, tranken wir alle einen Schluck.

Von diesem Augenblick an wurden Rob und ich großartige Freunde und verbrachten so viel Zeit miteinander wie möglich. Rob kümmerte sich um den alten Mann, der Vorarbeiter auf der Ranch gewesen war. Rob war der jetzige Vorarbeiter, und von ihm lernte ich viel über die mystische Seite der Cowboys und einige der traditionellen Lebensweisen, die viele Generationen zurückreichen.

Früh an unserem zweiten Abend auf der Ranch entdeckte Rob, wie ich mich auf dem Land umschaute, wo wir beabsichtigten, Bäume zu pflanzen. Er nahm mich zur Seite und fragte: »Reshad, hast du je einen texanischen Honky Tonk erlebt?« Ich hatte keine Ahnung, was ein Honky Tonk ist. Aber meine Vorstellung davon wurde deutlicher, als er sagte: »Deine Frau kann nicht mitkommen.«

Rob und ich machten uns also auf zu einem Texas Honky Tonk. Es erwies sich als eine Tanzveranstaltung mit lauter Western Country Musik und einer Menge Cowboyhüte, was die Vorbereitung für fast alles sein konnte. Wir kamen nicht zu dem »fast alles«, aber wir wurden Zeugen der schönen Seite der wahren texanischen Gastfreundschaft, von Ungezwungenheit und Lachen. Die Lebensweise in Texas ist tatsächlich ganz anders als alles, was ich je erlebt habe.

Am nächsten Tag kamen die Baumsprösslinge an und auch unsere Gruppe von Baumpflanzern. Das Wetter wurde kühl, denn es war bald Ende Herbst. Wir müssen seltsam ausgeschaut haben. In der Gegend Ansässige kamen meilenweit her, um diesen seltsam aussehenden Haufen von Charakteren zu beobachten, die auf ihren Knien Löcher gruben und Bäume auf dem Panhandle von Texas pflanzten. Wir kamen sogar auf die Titelseite der Lokalzeitung.

Wir pflegten frühmorgens den Verkehr aufzuhalten. Da waren wir, bewaffnet mit Schaufeln, gruben dreitausend Löcher, die ich nach den Gesetzen der Geomantie ganz genau ausgerichtet hatte. Dann reihten wir jeden einzelnen Baum auf, einen nach dem anderen, bis sie alle in die richtige Richtung schauten. Beim Pflanzen der Bäume füllten wir jedes der Löcher mit Erde aus einem anderen Staat. Ich glaube, wir sangen während der ganzen Zeremonie des Bäumepflanzens, und innerhalb weniger Tage hatten wir alle dreitausend Bäume gepflanzt. Wir klopften die Erde mit den bloßen Händen fest und gaben den Bäumen Wasser mit soviel Bewusstsein wie nur möglich. Schließlich war die Arbeit abgeschlossen, wir standen auf unsere Spaten gelehnt, blickten zurück und waren sehr stolz auf uns. Die meisten von uns trugen mittlerweile einen Cowboyhut, und einige hatten sogar Stiefel an. Wir schauten aus wie auf einer jener frühen Fotografien aus dem amerikanischen Westen, auf denen man eine Gruppe alter Männer versammelt sieht, die sich auf ihre Schaufeln lehnen. Nach dem Pflanzen der Bäume war das Wichtigste, ihnen Wasser zu geben, also gaben wir ihnen viel Wasser.

Unglücklicherweise wurde genau in jener Nacht das Wetter kalt, und im ganzen Panhandle fror es Stein und Bein. Dann überrollte uns ein Blizzard aus dem Norden. Für eine Feier waren wir in das große Haus zurückgekehrt. In der ganzen Gegend verwandelten sich Erde und Himmel in reines Weiß, und wir konnten nichts mehr sehen.

Unseren Bäumen wäre es wahrscheinlich gut gegangen, hätten wir sie nicht mit so viel Wasser begossen. Als nämlich der Sturm kam, wurden alle Ränder der Löcher zu Eis, und die dreitausend Bäume starben. Nicht einer von ihnen überlebte.

Das mag sich nach einer Katastrophe anhören, und natürlich war es das in gewisser Hinsicht. Die Eindrücke aber, die wir erhielten, und diejenigen, die wir hinterließen, wird ganz gewiss niemand der Beteiligten vergessen. So vieles war geschehen, und jedes Mal, wenn ich mich an diesen Teil meines Lebens erinnere, singt mein Herz wegen seiner Schönheit. Es war in jeder Hinsicht sehr anstrengend gewesen und die Arbeit sehr hart, aber es gab bei alledem eine positive Seite: Zwar hatten wir total versagt, was das Pflanzen der Bäume anging. Aber die Erfahrung gebar viele Ideen im Herz und im Kopf von uns allen. Die Leute zum Beispiel, die das Land besaßen, begannen sich so für Bäume zu interessieren, dass sie nachforschten, ob es tatsächlich möglich war, im Panhandle von Texas Bäume zu pflanzen, und welche Sorte von Bäumen sich für jene Gegend am besten eignen würde.

Ich war viele Jahre nicht mehr in Texas, aber ich hörte von meinen Freunden, dass sie erfolgreich Bäume um das Haus herum gepflanzt haben und dass diese Bäume gesund und stark gewachsen sind. Also hat unsere Reise schließlich tatsächlich Früchte getragen.

Das Blaue Haus

NACH UNSEREM SCHEINBAREN VERSAGEN MIT DEN BÄUMEN in Texas stellte sich die Frage: »Wo sollen wir jetzt hingehen?« Es gibt einen Spruch, der besagt, dass man nirgendwo hingehen soll, außer man sei eingeladen. Käme man uneingeladen, so wäre das, als klopfte man an die Tür von Fremden und beträte dann einfach ihr Heim. Wir können die Bedeutung von guten Manieren nie lernen, ohne die wahre Natur von Erlaubnis und Einladung zu verstehen. Aber zuerst einmal ist es notwendig, geduldig zu sein, und das fällt niemandem leicht.

Dieses Mal musste ich nicht lange warten. Einige meiner ehemaligen Schüler aus Nordkalifornien luden mich wieder ein; ich sollte dort eine Schule gründen und ein Gemeinschaftshaus leiten. Also fuhren wir los nach Kalifornien.

Wir fanden sofort ein passendes Haus. Wegen seines Anstrichs nannten wir es das »Blaue Haus«. Als wir den Mietvertrag unterzeichneten, wussten wir nicht, dass es zuvor Drogenhändlern als Zufluchtsstätte gedient hatte. Sie hatten es benutzt, wenn sie durch diese Gegend reisten. Das Haus besaß eine ganz besondere Atmosphäre. Also machten wir uns ans Saubermachen, und als eine Form der Reinigung wuschen wir die Wände und Decken mit Rosenwasser. Der Garten war in einem erbärmlichen Zustand. Da lagen alte Metallstücke herum, alte Autoteile und alle möglichen unschön wirkende Gegenstände – all das musste weggeräumt werden. Wir mieteten, was zur Instandhaltung des Hauses nötig war, und zogen dann ein.

Wir waren noch keine sechsunddreißig Stunden im Haus, als es an der Tür klopfte. Ich ging zum Fenster im oberen Stockwerk und warf einen Blick nach draußen. Ich sah einen sehr struppigen, ungehobelt aussehenden jungen Mann. Er hatte die schmutzigsten Haare, die ich je gesehen habe. Er trug einen sehr kleinen Rucksack. Ich ging nach unten, öffnete die Türe und wurde sofort von unglaublichem Mitgefühl überwältigt. Er sah so verloren und einsam aus, dass ich nichts anderes wollte, als ihn hereinzubitten und ihn zu trösten. Trotzdem war ich ihm gegenüber auch ein wenig skeptisch. Ich fragte ihn also nur: »Wie kann ich Ihnen helfen?«

Er erwiderte: »Kann ich eine Weile bei Ihnen unterkommen?«

Ich musterte ihn genau und sah, dass er an akuter Unterernährung litt. Er sah aus, als sei er tagelang ohne Essen unterwegs gewesen. Ich fragte: »Können Sie mir sagen, warum Sie hier sind und woher Sie dieses Haus kennen?«

»Oh«, murmelte er, »früher bin ich viele Male hier untergekommen.« Also bat ich ihn herein und fragte, ob er etwas essen möchte. Seine Augen leuchteten auf.

Da ich etwas von Medizin verstehe, warnte ich ihn: »Sie müssen jetzt sehr vorsichtig sein. Das Beste ist, wenn Sie fünfmal pro Tag nur wenig essen. Das ist besser als eine große Mahlzeit.« Er schien erleichtert, und ich sagte ihm, er könne bei uns bleiben. Dann gab ich ihm etwas zu essen und ein wenig warme Milch.

Es stellte sich heraus, dass er Engländer war. Er war im Gefängnis gewesen und irgendwie in die Staaten geflohen. Das Gefängnis, in das man ihn gesteckt hatte, war berühmt in England. Es heißt Winchester Gaol und war bekannt als eine der strengsten Anstalten des Landes. Ich fragte mich, was er wohl getan haben mochte, um solch eine Strafe zu verdienen. Er erzählte mir etwas von seiner Geschichte, aber ich verfolgte die Angelegenheit nicht weiter. Das Wichtigste war, ihn wieder auf die Beine zu bringen.

Als Erstes kehrte wieder ein wenig Farbe auf seine Wangen zurück, und er begann, sich zu entspannen. Er erzählte mir, dass er sich mehrmals im Blauen Haus aufgehalten hatte, als er ein Dealer gewesen war, und dass unser neues Haus eine Zufluchtsstätte für ihn und seine Freunde gewesen sei. In jenen Kreisen war es bekannt als »sicheres Haus«.

Wir kümmerten uns sechs Monate lang um ihn, bis er wieder auf die Beine kam. Er war sehr krank gewesen, als er zu uns gekommen

Im »Blauen Haus« mit Scheich Suleyman Dede

war, und zu Beginn fürchtete er sich so sehr, dass er das Haus kaum verließ. Einmal erzählte er mir, dass er damals, als er an unsere Türe geklopft hatte, aus einer nicht weit entfernten Gegend mit großen Marihuana-Pflanzungen weggelaufen war. Seine Arbeit hatte darin bestanden, mit einem Gewehr bewaffnet eine dieser Plantagen zu bewachen. Aber er hatte sich dort in große Schwierigkeiten gebracht, und die Leute, die das Marihuana anpflanzten, hatten sein Leben bedroht. Er war in der Nacht geflohen und war zum Blauen Haus gekommen, um sich hier für eine Weile zu verstecken.

Gott sei Dank kam niemand ihn suchen. Wir waren darüber sehr froh, weil das Haus ein Zentrum für die besondere Arbeit geworden war, mit der ich mich immer beschäftigt habe: die Essenz der Sufi-Lehren. Unser Gast benahm sich sehr gut, wurde mit der Zeit kräftiger und seine Gesundheit kehrte zurück. Als Gegenleistung für Unterkunft und Essen half er beim Putzen und im Garten, so viel er konnte. Er war sehr still und erzählte nie von den Details seines Lebens. Wir alle nahmen ihn in unserer Gemeinschaft auf, und er nahm an allen Unterweisungen teil, die im Haus gegeben wurden. Ich weiß, dass er während seines Aufenthaltes bei uns viel über eine neue Lebensweise lernte. Er begann sogar, mir in einer ihm bis dahin unbekannten Weise zu vertrauen. Dieses Vertrauen wurde zu einem Wendepunkt für ihn.

Nun, in der Zwischenzeit war er in einer Art Wüste. Er konnte nicht zu den Leuten zurückkehren, mit denen er im Drogengeschäft zusammengearbeitet hatte. Da er über kein Visum und kein Geld verfügte, konnte er nicht durch die Staaten reisen. Früher oder später hätte ihn die Polizei erwischt. Aber für mich wurde ganz klar, dass er sich um seiner Würde und Zukunft willen den Behörden würde stellen müssen. Nur so konnte die vergangene Reihe von negativen Eindrücken endlich erlöst werden, und er könnte sein Leben noch einmal neu beginnen.

Eines Tages, als er in seinem Herzen sehr stark war, teilte ich ihm mit, was ich dachte. Ich fragte ihn, wo er in England gelebt habe und nach seiner Familie. Er erwiderte: »Da ist nur meine Mutter. Alle anderen sind weggegangen.«

Ich fragte ihn, ob ich seine Mutter anrufen dürfe, um mit ihr zu sprechen. Er schaute mich sehr traurig an, stimmte aber schließlich zu. Also rief ich seine Mutter an und erklärte ihr, was geschehen war.

Sie reagierte sehr emotional auf meinen Anruf. Irgendwie irrational argumentierte sie, dass er vor allem nie aus dem Gefängnis hätte fliehen sollen. Dann beruhigte sie sich ein wenig, und ich sagte ihr, dass ich ihn vielleicht ermutigen könne, nach England zurückzukehren und sich dort zu stellen. Sie war schockiert, gleichzeitig aber war sie sehr erleichtert.

Ich berichtete ihm von meinem Gespräch mit seiner Mutter und erläuterte sehr eingehend, was ich gelernt hatte über Eindrücke, die Reise, die innere Suche und all die Fallen, denen ein Suchender auf dem Weg begegnen kann. Und er *war* ein wahrhaft Suchender. Im Herzen war er ein Mystiker und ein Liebhaber des Lebens, der einfach einen Schritt in die falsche Richtung getan hatte.

Mitgefühl bedeutet, soweit es mich angeht, Handeln, und es heißt, die Liebe Gottes im Atem Seines Mitgefühls sei allumfassend. Mit anderen Worten: Eine mitfühlende Person bewertet nicht, sondern sie handelt zum Wohle und Nutzen der Menschen, mit denen sie arbeitet, und auch für den Planeten als Ganzes.

Nachdem wir viele Stunden beisammen gewesen waren, sagte ich ihm, es sei nun der richtige Zeitpunkt für ihn, nach England zurückzukehren. Ich würde mich bemühen, genügend Geld für seinen Rückflug aufzutreiben. Wir tranken einige Glas Bier miteinander, aßen eine gute Mahlzeit und ich sagte: »Das Hauptproblem ist, wie bringen wir dich ohne Pass durch den britischen Zoll?«

»Das ist einfach«, meinte er, »ich stelle mich den Behörden, wenn ich ankomme.«

Es gelang uns, von all den Freunden, mit denen ich im Lauf der Jahre gearbeitet hatte, genügend Geld für sein Ticket zu sammeln. Ich beobachtete, wie er das Flugzeug bestieg, und das war das Letzte, was ich je von ihm gesehen habe.

Wahrscheinlich ging er zurück ins Gefängnis. Ich werde nie wissen, ob er wieder in Schwierigkeiten geraten ist, nachdem er seine Zeit im Gefängnis abgesessen hatte. Ich weiß nur, dass viele der jüngeren Studenten unserer Schule angesichts seiner Schmerzen und seines Leidens ihre wertende Betrachtungsweise aufgaben und in ein tieferes Verständnis des Sinns des Lebens hineinwuchsen.

Der Papagei

ZEIT VERGEHT NICHT NUR IN EINE RICHTUNG, VON GEBURT zu Tod. Sie hat viele Dimensionen von wunderbarer Bedeutung, wenn wir die Tatsache respektieren, dass Zeit, wie das Leben an sich, uns als ein Geschenk gegeben ist.

Manchmal erleben wir Pausen in der Zeit. Sie werden »Intervalle« genannt. Während dieser Perioden brauchen wir eine Menge Mut, Ausdauer und Geduld. Ich kenne nichts Frustrierenderes, als dasitzen und warten zu müssen und nichts zu tun zu haben.

Ich hatte einige Jahre in Kalifornien gelebt, als deutlich wurde, dass ein gewisser Zyklus abgeschlossen war. Der neue Zyklus hatte sich noch nicht manifestiert, und ich war nicht sicher, was ich tun sollte. Einladungen häuften sich nicht an meiner Schwelle, wie das Weihnachtskarten in einem guten Jahr tun. In Tat und Wahrheit gab es keine. Ich saß fest, bis ich endlich eine Einladung erhielt, auf eine Insel in der Nähe von Seattle zu kommen. Weil ich nirgendwo sonst hinfahren konnte, schien dies offenbar der richtige nächste Schritt zu sein. Also fuhr ich nach Norden.

Als ich in Seattle ankam, landete ich an einem Ort mit Namen Port Townsend. Er war in der viktorianischen Zeit von einem Mitglied der Familie Townsend aus England gegründet worden. Wahrscheinlich war dieser Townsend nach Amerika deportiert worden, weil er Schwierigkeiten gemacht hatte. Viele Engländer waren nach Australien oder Amerika fortgeschickt worden, als sie für ihr Vaterland untragbar geworden waren.

Meine Frau und ich kamen in einem Bed & Breakfast unter. Es hieß Victoriana Inn und war ursprünglich ein Bordell gewesen, als Port Townsend noch ein blühendes Fischerdorf war. Nun war es jedoch zu einem kleinen Touristenhotel geworden. In der Stadt gab es einige gute Restaurants. Viele Künstler und Schriftsteller waren nach Port Townsend gekommen und hatten es zu ihrer Zuflucht gemacht. Die Stadt war sehr isoliert. Es gab nicht einmal eine regelmäßige Fährverbindung nach Seattle.

Ich liebe es nicht, als Einsiedler zu leben, also mietete ich ein schönes Haus mit einer unglaublichen Aussicht und kaufte mir

In späteren Jahren mit einem anderen Papagei

einen kleinen grünen Papagei, der Arthur genannt wurde. Arthur hatte einem Kind gehört, dessen Zuneigung zu dem Vogel geschwunden war und das ihn einer lokalen Tierhandlung verkauft hatte. Mir war aufgefallen, dass alle Papageien einsam sind, und dieser war keine Ausnahme, also kaufte ich ihn.

Einsame Spaziergänge habe ich immer geliebt, sogar im Regen, und in Port Townsend regnet es fast die ganze Zeit. Wenn ich einen Spaziergang machen wollte, gab es nur zwei Möglichkeiten: Wenn man in die eine Richtung ging, kam man zum Yachthafen, wo sich ein Restaurant befand, das Fish and Chips verkaufte. Ging man in die andere Richtung, kam man durch Port Townsend hindurch. Jeden Tag ging ich etwa zwei Meilen. Ich versuchte damals, ein Buch zu schreiben, und hoffte, dass meine Spaziergänge mich auflockern und etwas ins Fließen bringen würden. Ganz gewiss war zu jener Zeit in Port Townsend nicht viel im Fluss.

Saß ich an meinem Schreibtisch und arbeitete, kam der Papagei und setzte sich auf meine Schulter. Arthur war zur Reinlichkeit erzogen worden. Wenn er sich also erleichtern wollte und ich seine innere Botschaft nicht hörte, pflegte er mich ins Ohr zu beißen. Alles, was ich dann zu tun hatte, war, Arthur in einen Käfig zu setzen. Hatte er sein Geschäft erledigt, kam er zurückgeflogen auf meine Schulter, und ich schrieb weiter.

Kommunikation geschieht auf vielen Ebenen. Ich spreche häufig von einer »oberen Telefonnummer«. Wenn Sie eine Person sehr lieben, werden Sie ihre obere Telefonnummer kennen, und die Person ihrerseits kennt vielleicht die Ihre. Ein »Anruf« kann in der Form eines Bildes, eines Traums oder einer Vision kommen. Das Telefon klingelt, und dann handeln Sie. Dieser kleine Papagei hatte sehr gute Telefonmanieren. Ich kannte seine Nummer und er kannte meine. Ich machte mich zu einen Bummel auf, und nach etwa zwei Meilen der Meditation im Gehen wandte ich mich innerlich um und wählte Arthurs Nummer, um ihm zu sagen, dass ich mich auf den Rückweg mache.

Der Weg zurück beanspruchte annähernd fünfundzwanzig Minuten. Ich trug Arthur auf, meine Frau darüber zu informieren, dass ich auf dem Nachhauseweg war und dass es also an der Zeit sei, die Kartoffeln für das Mittagessen auf den Herd zu stellen. Es schlug nie fehl. Der Papagei, der das Echo der Gedankenform repräsentiert, krächzte laut, und meine Frau hörte die Mitteilung. Natürlich konnte der Papagei nicht »Kartoffeln!« schreien. Aber meine Frau, die wusste, dass ich als Brite Kartoffeln mag, stellte sie auf den Herd, und zu dem Zeitpunkt, da ich durch die Türe hereinkam, war das Mittagessen fertig. Vielleicht haben Sie noch nie einen Papagei lächeln sehen, aber wenn ich von diesen Spaziergängen zurückkam, lächelte Arthur, plusterte seine Federn auf und schaute unglaublich selbstzufrieden drein. Häufig gab ich ihm eine Weintraube (er mochte Trauben sehr gern), wir lächelten einander zu und ließen den Tag sich entfalten.

Kommunikation ist eines der wichtigsten Dinge im Leben. Gibt es einen Weg zu kommunizieren, der nicht gefärbt ist von unserem vorkonditionierten Geist und unseren Meinungen? Gibt es einen Weg der direkten Kommunikation untereinander? Es gibt ihn. Als der Zeitpunkt kam weiterzuziehen, mussten wir Arthur bei einem Freund lassen. Tony ist Arzt und Psychologe, aber er verstand nicht viel von Papageien. Jeden Morgen musste er zur Arbeit ins Krankenhaus, also musste er Arthur den ganzen Tag allein lassen. Wenn er am Abend nach Hause kam, begrüßte er Arthur, wusch sich und las die Gedichte von Mevlana Jalaluddin Rumi, dem großartigen persischen Mystiker. Tony erzählte, dass Arthur gurrte, mit seinen Flügeln flatterte und, während mein Freund ihm Gedichte vorlas, jeden Abend eine Stunde lang unglaublich glücklich war.

Später, als ich allen meinen Schülern die Anweisung gab, mit dem Studium eines anderen Mystikers aus dem dreizehnten Jahrhundert zu beginnen, fing Tony an, Arthur einige dieser Werke vorzulesen. Arthur mochte diesen neuen Klang überhaupt nicht, und er begann zu schreien. Weil Tony seine Studien aber fortführen musste, las er trotzdem jeden Abend laut vor, obwohl Arthur weiterhin schrie. In der Tat kommt das Echo zu uns zurück.

Zeit

Früher oder später
Wandelt sich die Zeit,
Wandelt sich
Von Meinung in Liebe.
Früher oder später
Wandelt sich die Zeit.
Können wir uns in sie einpassen?
Können wir mit ihr mitgehen?
Können wir mit ihr tanzen?
Oder verpassen wir
Den Klang?
Verpassen wir
Den Augenblick?

Der Zigeunerkorb

ALS ICH EIN KLEINER JUNGE WAR, BEGEGNETE ICH DEN Zigeunern. Mein Vater starb kurz nach meiner Geburt. Während ich aufwuchs, war meine Mutter gewöhnlich sehr mit ihrem eigenen Leben beschäftigt, so dass sie die meiste Zeit nicht wirklich für mich da war. Und trotzdem mangelte es mir nie an Liebe, weil unsere Köchin mich wie ihren eigenen Sohn liebte und sich um mich kümmerte.

Sie war eine Zigeunerin, aufgewachsen in dem, was »eine Sippe« genannt wird. Sie verließ ihre Familie aus unbekannten Gründen und kam zu uns, um als Köchin zu arbeiten. Sie sorgte auch dafür, dass unser Haushalt in einer ordentlichen, liebevollen und fließenden Art zusammengehalten wurde.

Wir besaßen ein schönes Haus mit einigen Morgen Umschwung auf dem englischen Land. In einem Jahr erlaubte meine Mutter einer Roma-Familie, ihre Wohnwagen am Ende unseres großen Anwesens aufzustellen, an einer Stelle, die sie offenbar als einen ganz besonderen Ort ansahen. Ich erinnere mich, wie ich als kleiner Junge zu ihnen gelaufen bin, um sie zu begrüßen. Es war nicht bloß eine Möglichkeit, aus meinem eigenen Haus zu entwischen. Es war mehr als das. Es bedeutete für mich, zur Liebe zu laufen.

Die Zigeuner akzeptierten mich und nahmen mich als ein Mitglied ihrer Familie auf. Sie besaßen zwei Wohnwagen und hatten viele Kinder, die mit mir zusammen spielten. Sie hatten einen Hund, eine richtige Promenadenmischung, ich sehe ihn heute noch vor mir. Wir legten uns nebeneinander ins Gras, und er rollte sich an meiner Seite hin und her. Ich denke, zu jener Zeit war er mein bester Freund. Der Hund schlief unter einem der Wohnwagen. Sie hatten ihn an einer Leine festgebunden, damit er nicht davonrennen und im Dorf Schwierigkeiten machen konnte.

Eine meiner hervorstechendsten Erinnerungen an die Zigeuner ist ihre außerordentliche Reinlichkeit. Ihre Wohnwagen waren immer so sauber, so schön, so gepflegt. Die Frau, die Älteste der Familie, zeigte mir, wie man auf dem Boden sitzt. Am einen Ende des Wohnwagens befand sich eine kleine Küche. Dort bereitete sie uns Tee zu. Ich war sehr schüchtern, aber ich vertraute ihr vollkommen. Ich werde ihre bedingungslose Liebe und den totalen Respekt, den sie mir erwies, nie vergessen.

Doch dann kam die Zeit, da sie wieder gehen mussten. Ich weiß nicht, ob man sie aufgefordert hatte weiterzuziehen, oder ob sie fortgehen wollten. Wenn Zigeuner aufbrechen, wird vieles vorbereitet und gereinigt, so dass sie das Land so zurücklassen, wie es gewesen ist, wie es sein sollte. Ich erinnere mich noch immer ganz deutlich daran. Vielleicht war das die einsamste Zeit meines Lebens. Dort draußen packten sie alles für die Reise ein, und ich musste zurückbleiben. Ich weiß noch genau, als ich die fünf Holzstufen des Wohnwagens hinunterstieg und den Fuß wieder auf die Erde setzte, wäre ich am liebsten wieder das Treppchen hochgestiegen und für immer mit ihnen auf der Straße weitergezogen, wenn sie es nur erlaubt hätten.

Ich erinnere mich, wie ich zum Haus zurückging, allein, während die Zigeunerwagen die Straße hinunterfuhren und nie wieder gesehen wurden. Das war ein sehr trauriger Augenblick, besonders für ein Einzelkind ohne Freunde. Ich wäre so gern mit ihnen gefahren.

Einige der Freunde meiner Mutter hatten mir gesagt, ich solle mich vor den Zigeunern hüten. Es heißt nämlich, dass, wenn du von einem Zigeuner verflucht wirst, du selbst und deine Nachkommen noch über sieben Generationen darunter leiden werden. Doch alles, was sie mir gaben, als ich bei ihnen war, war eine Menge Liebe. Die wenigen Male, da es mir gestattet war, die Hand eines Zigeuners zu halten, spürte ich, dass ich die Hand der Schönheit, des Fließens der Liebe hielt. Ich hörte den Wind der Wahrheit durch den Augenblick wehen.

Viele, viele Jahre später fuhren meine Frau und ich nach Frankreich in die Ferien. Es war erst kurz, nachdem wir uns kennengelernt hatten, und sie war noch nie zuvor in Frankreich gewesen. Ich wusste, dass sie ihre Zweifel hatte an einigen der Geschichten, die ich aus meinem Leben erzählt hatte. Sie hörte sich diese Erzählungen sehr genau an, und, weil es schien, als ereigneten sie sich fast außerhalb der Zeit, war sie verwirrt. Wie jeder Mensch, der eine wirkliche Beziehung mit einem Partner leben will, musste meine Frau wissen, ob die Geschichten wahr waren, die ich ihr erzählte. Waren sie Produkte meiner Phantasie? Übertrieb ich? Wie können wir die Wahrheit wissen über eine Person, mit der wir die Reise des Lebens teilen wollen? Als meine Frau hörte, dass ich von einer Zigeunerin erzogen worden war, war sie versucht, mir nicht zu glauben. Daher wollte ich ihr immer irgendwie einen Beweis liefern.

Wir fuhren also mit dem Auto durch Frankreich. Ich wollte ihr das Loire-Tal zeigen und einen berühmten französischen Garten, Villandry genannt. Als wir Richtung Villandry fuhren, hatte ich plötzlich eine sehr starke Intuition, auf eine Nebenstrecke abzubiegen, eine viel schmalere Straße als die, auf der wir uns befanden. Meine Frau saß am Steuer, und ich sagte: »Fahr langsamer und biege bei der nächsten Straße nach rechts ab.«

Sie wusste ohnehin nicht, wo wir uns befanden, also fragte sie nicht nach, wo ich uns hinführte. Natürlich wusste ich es selbst nicht. Ich folgte einfach meiner Intuition, ohne dass der rationale Verstand gefragt hätte, warum. Sie bog ab, und die Landschaft schien sich vollständig zu verändern. Wir fuhren durch eine offene, schöne Ebene. Es war ein lieblicher Tag, und das Gras funkelte im Sonnenschein.

Plötzlich sah ich zwei Männer die Straße entlanggehen. Ich merkte sofort, dass es Zigeuner waren. In diesem Augenblick wusste ich ohne jeden Zweifel, dass wir direkt auf ein Zigeunerlager zufuhren. Wir kamen zu drei Wohnwagen, die neben der Straße abgestellt waren. Am Straßenrand flocht ein Mann einen Korb. Ich bat meine Frau, langsamer zu fahren, damit wir alles genauer beobachten konnten. Die ganze Szene war einfach perfekt: die Farben, die Sauberkeit, das übliche Feuer in der Mitte ihres Kreises.

Doch wir waren auf dem Weg, den berühmten französischen Garten zu besuchen, also fuhren wir weiter. Wir fanden schließlich unseren Weg zum Garten. Die vielen Farben waren prachtvoll. Die ganze Anlage war ein Erlebnis von Ordnung und großartiger Schönheit, und wir genossen dort den ganzen Tag. Der Hauptteil von Villandry ist ein großer, von hohen Rosenbüschen umgebener Gemüsegarten. Diese Rosenbüsche repräsentieren die Mönche, die sich im frühen achtzehnten Jahrhundert um den Garten gekümmert hatten. Nun standen sie dort wie Wächter und beschützten das im Sonnenlicht wachsende Gemüse. Wir setzten uns an eine besondere Stelle und picknickten im Sonnenschein und in der Schönheit der Natur.

Es war später Nachmittag, als wir schließlich zu dem Gasthaus aufbrachen, in dem wir wohnten. Irgendwie gelang es mir, die kleine Straße wieder zu finden, wo wir die Zigeuner gesehen hatten. Irgendwo an dieser Straße mussten die Wohnwagen stehen. Wir fuhren langsam und freuten uns, als wir direkt vor uns das Feuer sahen. Plötzlich entdeckte ich den Korb, den der Mann am Morgen geflochten hatte. Er lag verlassen am Straßenrand.

Ich sagte zu meiner Frau: »Halte da drüben bei den Wohnwagen an. Aber du musst im Auto bleiben.«

Die beiden dunkelhäutigen Männer, die wir schon zuvor gesehen hatten, kamen auf uns zu. Sie sahen wild aus, und ich konnte sehen, dass beide große Messer im Gürtel trugen. Ich hielt Ausschau nach der Ältesten, der Person, die eigentlich für die Familie verantwortlich ist. Eine sehr kleine alte Frau kam auf mich zu. Sie trug die traditionellen Roma-Kleider mit einem langen, farbenfrohen Rock. Ich kann mich noch immer an ihr Gesicht erinnern. Ihre Haut war alt, wie gegerbtes Leder. Doch innerlich leuchtete die Frau. Dann bemerkte ich ihre Hände. Es waren Hände, die gearbeitet hatten, schön und stark. Man sagt, dass die Hände die Verlängerung des Herzens sind. Sie kam direkt auf mich zu und blieb vor mir stehen. Sie sprach mich auf Französisch an, mit einem Roma-Akzent. Die Roma-Sprache selbst ist dem Sanskrit nahe verwandt, und viele glauben, dass die Zigeuner ursprünglich aus Indien stammen. Einige meinen sogar, sie seien der verlorene Stamm Israels.

Meine Frau blieb im Auto und hielt die Fenster geschlossen. Wenn man mit Zigeunern zu tun hat, ist es sehr wichtig, dass alles in der rechten Weise getan wird, zur richtigen Zeit und am rechten Ort.

In meinem besten Französisch sagte ich zu der alten Frau: »An der Straße liegt ein Korb. Ich möchte ihn kaufen. Wie viel wollen Sie dafür?«

Sie nannte einen unverschämten Preis, aber ich schreckte nicht zurück; ich reagierte nicht, als sie ihre Augen fest auf die meinen gerichtet hielt. Sollten Sie je die Gelegenheit haben, wirkliche Zigeuner zu treffen, müssen Sie ihnen direkt in die Augen schauen. Ihre Augen waren stark und doch so sanft. Ich konnte erkennen, dass sie an ihrem Preis festhalten würde. Oder prüfte sie mich? Ich stritt nicht wegen des Preises. Ich schaute ihr einfach tiefer in die Augen und wankte nicht.

Dann sagte ich: »Wenn Sie meiner Frau dort im Auto ›den Blick‹ geben, kaufe ich Ihren Korb.«

Die Zigeunermänner blieben in der Nähe, für alles bereit. Da war ich nun, forderte die alte Frau heraus, die Zigeunerälteste. Meine Französischkenntnisse waren sehr eingerostet, so dass ich nicht sicher war, ob sie »den Blick« verstanden hatte. Aber mein mangelhaftes Französisch spielte wohl keine Rolle, denn sie schien meine Gedanken lesen zu können.

Sie ging zum Auto hinüber, aber ich folgte ihr nicht. Ich blieb bewegungslos, wo ich war, und beobachtete jede ihrer Bewegungen. Sie trat näher an das Auto heran und schaute meine Frau an. Plötzlich durchdrang eine tiefe Stille die ganze Szene und erfüllte die gesamte Atmosphäre. Die Männer waren ruhig. Die ganze Familie, die um das Feuer saß, hielt inne und schaute zu. Ich bewegte mich keinen Zentimeter.

Die Zeit stand still, als die alte Frau durch das Fenster des Autos meiner Frau einen langen »Blick der Zigeuner« gab. Ich konnte den verbindenden Raum zwischen der alten Zigeunerfrau und meiner Frau fast sehen. Es schien, als entfaltete sich das Leben selbst und dehnte sich in der inneren Stille aus. In diesem Augenblick wusste ich, dass in meiner Frau eine tiefe Wandlung vor sich gegangen war. Die alte, weise Zigeunerin kam langsam zurück. Zwischen uns wurden keine weiteren Worte gewechselt. Ich gab ihr das Geld für den Korb, und ich besitze ihn bis zum heutigen Tag.

Wenn wir nicht verstehen, dass alles in dieser Welt mit Beziehungen zu tun hat, ist es uns nicht möglich, den Sinn des Lebens auf der Erde zu verstehen. Es gibt auch eine heilige Beziehung zwischen den sichtbaren und den unsichtbaren Welten. Ohne Beziehungen gäbe es keine Welt, die wir erleben und erfahren könnten. Wir können beginnen, Beziehungen zu verstehen, wenn wir wissen, dass alle Dinge miteinander verbunden sind und ein jeder und eine jede von uns mit allem Leben in Verbindung steht. Mit den Worten Mevlana Jalaluddin Rumis:

> Ich starb als Mineral, um Pflanze zu werden,
> Ich starb als Pflanze, um Tier zu werden,
> Ich starb als Tier, um Mensch zu werden,
> Und weiter noch werde ich erhoben werden.

Ein Dorf in Spanien

ES GAB EINMAL EINEN MANN, DER FÜR DIE VEREINTEN NATIOnen arbeitete. Dieser Mann stammte aus einer österreichischen Aristokratenfamilie, deren Stammbaum sich über viele Generationen zurückverfolgen lässt. Er hatte mehrere Söhne, und bevor er starb, übertrug er jedem eine bestimmte Funktion, die dieser zu erfüllen hatte.

Einer von ihnen sollte nach Spanien gehen und ein unbewohntes Dorf finden, das für eine vernünftige Summe Geldes zu kaufen war. Zu jener Zeit gab es viele verwahrloste Dörfer, die leer zurückgelassen wurden, weil die jungen Menschen alle in die Städte weggegangen und die Alten ausgezogen waren, um bei Verwandten zu leben. Dieses Dorf sollte dann restauriert und zu einem Zentrum gemacht werden, wo Leute sich auf universeller Ebene treffen könnten. Es sollte ein Ort sein, wo Menschen jeglicher spiritueller und religiöser Herkunft sich austauschen und miteinander teilen könnten, was ihnen gegeben worden war, um so voneinander zu lernen. Im Süden von Madrid fand sich ein Dorf. Amphoren und alte Ruinen legten Zeugnis davon ab, dass dort einmal Römer gewohnt hatten.

Dorthin wurde ich eingeladen, ein Seminar über Geomantie und andere Themen abzuhalten. Die Gemeinschaft besaß ein paar Pferde und einige Kühe, aber unglücklicherweise war niemand fähig, sie zu nutzen. Verzweifelt suchten die Mitglieder der Gemeinschaft einen Weg, wie das Zentrum finanziell autonom werden konnte. Weil ich in meinem Leben schon so viele Zentren gegründet hatte, baten sie mich, sie zu beraten. Nachdem ich einige Tage im Dorf gewesen war, entdeckte ich auf der anderen Seite des Tales farbige Flächen, wo Lavendel wuchs und andere schöne Pflanzen. Das gab mir den Hinweis, auf den ich gewartet hatte.

Zu jener Zeit gab es in Torronteras nur einen Bienenstock. Ich rief die Gemeinschaft zu einer Sitzung zusammen und sagte: »Verkauft alle Pferde, verkauft alle Kühe und kauft mehr Bienen!«

Sie stimmten meinem Plan zu, und ich schlug vor, dass sie ein Etikett für den Honig entwerfen sollten, den es hier künftig im Überfluss geben werde, wenn erst einmal genügend Bienen gefunden wären. Da ich selbst kein Designer bin, bat ich eines der Mitglieder der Gemeinschaft, er war ein Künstler, ein sehr einfaches Etikett zu entwerfen. Er schuf ein Etikett, das einen guten Eindruck ihres Gefühls »sich um das Land kümmern« vermittelte. Die nächsten paar Monate arbeiteten sie hart, und innerhalb eines Jahres erhielten sie einen Preis für den besten Honig in Spanien. Im Laufe der Jahre erhielt die Gemeinschaft immer mehr Bestellungen für ihren Honig.

Es gibt einen Spruch: »Gleichheit in der Essenz, aber Hierarchie in der Funktion.« Es gibt einen Weg, im Leben eine nützliche Funktion zu erfüllen, sei es als Künstler, als Arzt, als Ehefrau oder als Ehemann. Es spielt wirklich keine Rolle, was wir tun. Mein Lehrer pflegte zu sagen, wir hätten zwei Beine: Eines ist das Bein der Ausdauer, und das andere ist das Bein unserer Vorbestimmung in Ewigkeit. Wir haben zwei Arme, die Flügel repräsentieren: Einer ist Glaube, und der andere ist Überzeugung. Das bedeutet Glaube an eine bewusste Aufmerksamkeit für unser eigenes Leben und ein Wissen um die Funktion, die wir in diesem Leben erfüllen sollen, das uns für einen so kurzen Zeitabschnitt geliehen ist.

Zu meinen Schülern spreche ich häufig von »Funktion«. Ich versuche, ihnen zur Erkenntnis zu verhelfen, dass wir herausfinden müssen, was wir *zurückgeben* sollen, statt einfach nur Energie aus dem Leben zu ziehen. Leben geht in beide Richtungen. Man sagt, dass unser Weg dem Weg der Bienen ähnlich ist, und dass unser Haus ein Bienenstock ist. Bienen können weite Distanzen fliegen, um Honig zu sammeln. In diesem Prozess befruchten sie gleichzeitig. Wenn wir die Funktion der Bienen studieren, können wir vieles lernen.

Sollten Sie je einen Sufi-Lehrer treffen, ist es angebracht, ihm oder ihr einen kleinen Topf Honig mitzubringen. Das bedeutet, dass Ihnen das innere Wissen gegeben wurde, das mit dem Verstehen unserer Funktion im Leben einhergeht. Diese Funktion können wir nur verstehen, indem wir dankbar sind. Dankbarkeit ist der Schlüssel zum Willen.

Drei Fragen

UM IN DER WELT DIENEN ZU KÖNNEN, KOMMT ES OFT DARAUF an, zur rechten Zeit am richtigen Ort zu sein und unser Bestes zu geben, das zu tun, was im Augenblick notwendig ist. Im Laufe der Jahre habe ich meinen Schülern vorgeschlagen, sich immer drei wichtige Fragen zu stellen, bevor sie irgendeine Unternehmung oder eine Handlung des Dienens beginnen.

Die drei Fragen lauten: Darf ich? Soll ich? Kann ich? »Darf ich?« bezieht sich auf den Göttlichen Willen. »Soll ich?« dient dazu, die richtige Zeit zu bestimmen, und »Kann ich?« bezieht sich auf die eigenen Fähigkeiten. Wenn wir diese drei Fragen stellen, innerlich im Gebet und in Lauterkeit fragen, und wenn wir festhalten an der im Herzen erkannten Antwort, dann werden wir davor beschützt, unnötiges Leiden selbst zu erfahren oder zu verursachen.

Manchmal ist es aber schwierig, den Unterschied zwischen nötigem und unnötigem Leiden zu kennen. Viel Leiden in dieser Welt ist unnötig. Üblicherweise wird es verursacht durch eine der drei Mauern von Groll, Neid oder Stolz. Es gibt auch notwendiges

Leiden, das uns zur Wahrheit bringt oder das uns eine notwendige Lektion im Leben erteilt.

Es gab eine Zeit, da erhielt ich Briefe und Telefonanrufe von einem Mann aus Deutschland. Er wollte, dass ich in einem spirituellen Zentrum in Deutschland Unterweisungen gebe. Er bot mir viel Geld an, und ich war, obwohl Geld für mich nicht von erstrangigem Interesse ist, ein wenig fasziniert davon, dass er mir ein derart hohes Honorar anbot.

Mehr als ein Jahr lang erhielt ich ständig diese Briefe und Telefonanrufe, in denen ich gebeten wurde, nach Deutschland zu kommen. In meiner stillen Zeit fragte ich: »Darf ich? Soll ich? Kann ich?« Aber ich erhielt kein dreifaches Ja auf die Fragen. Trotzdem schrieb er weiter und fragte. Und ich fragte ebenso weiter. Etwas an dem Ganzen stimmte nicht.

Dann, eines Tages, nach meinen morgendlichen Gebeten und der Meditation, als ich die drei Fragen wieder stellte, da ich eben einen weiteren Brief empfangen hatte, erhielt ich drei positive Antworten, dreimal »Ja«. Es war also nicht mehr zu leugnen, dass ich hinfahren musste, was auch immer geschah. Erhalte ich ein dreifaches Ja, dann *muss* ich handeln. Trotzdem hatte ich das Gefühl, zuerst diesen beharrlichen Mann kennenlernen zu müssen. Also lud ich ihn als Gast zu mir nach Hause ein. Er willigte ein zu kommen, und wir teilten ein Mahl, Wein und ein angenehmes Gespräch miteinander. Er schien ein aufrichtiger, gutherziger Mann zu sein. Also war ich einverstanden, in sein Zentrum nach Deutschland zu fahren und drei Wochen lang Vorträge zu halten und Unterweisungen zu geben. Wir schüttelten uns die Hand, und die Übereinkunft war besiegelt.

Als die Zeit gekommen war zu fahren, lebte ich gerade viel weiter weg, in Seattle, und dennoch war er weiterhin bereit, die Rückflugkarten für mich und meine Frau zu bezahlen, wie auch ein vernünftiges Honorar für meine Zeit und Anstrengung. Ich muss sagen, es entsprach nicht gerade meinen Wünschen, nach Deutschland zu fahren. Auch tat ich es nicht des Geldes wegen. Ich stimmte nur zu, weil ich drei Ja auf alle Fragen erhalten hatte. Wenn Sie die Wahrheit direkt anstreben, mit offenen Händen, müssen Sie genau das akzeptieren, was im Augenblick gegeben wird. Später dann, auch wenn Sie den Sinn von all dem zuerst nicht verstehen, gelangen Sie vielleicht zu einem Verständnis der Bedeutung.

Auf dem Weg nach Deutschland fühlte ich mich unglaublich nervös. Aber ich wusste nicht warum. Wir kamen am Flughafen an und schauten uns nach jemandem um, der gekommen war, uns abzuholen, aber niemand erschien. Gewiss war das ein Zeichen. Wir saßen im Flughafen, tranken eine Tasse Tee und warteten, ob jemand auftauchen würde. Ich wusste nicht, wo wir hingehen sollten, also saßen wir einfach still und warteten. Schließlich rief ich im Zentrum an und fragte, wo der Fahrer sei, der uns abholen sollte. Niemand schien irgendeine Ahnung zu haben, und das Gespräch führte nirgendwo hin. Also gab es nichts, was wir hätten tun können, außer zu warten.

Ich ging im Flughafen umher und hoffte, dass mich jemand erkennen würde. Dann sah ich einen seltsam aussehenden Mann mit langen Haaren. Er sah müde aus, und er schien sich nicht wohlzufühlen. Ich ging auf ihn zu und fragte: »Sind Sie gekommen, um mich abzuholen?« Er hielt den Kopf gesenkt, aber dann schaute er ziemlich überrascht zu mir auf. Er sah aus, als befände er sich in einer Art Traumwelt oder wie ein Schlafwandler. »Sind Sie Dr. Feild?«, fragte er.

»Ja, der bin ich!«, antwortete ich ein wenig aufgebracht, nachdem ich stundenlang im Flughafen gewartet hatte, ohne zu wissen, was vor sich ging. »Ist Ihnen klar«, fuhr ich ihn an, »dass meine Frau und ich seit Stunden hier warten?«

Er gab keine Antwort, nickte einfach nur. Es schien ihn nicht sonderlich zu kümmern. Ein weiteres Zeichen. »Kommen Sie bitte mit«, sagte er, »mein Auto steht draußen.«

Meine Frau und ich sammelten unser Gepäck ein und folgten ihm. Die Fahrt zum Zentrum dauerte mehr als eine Stunde, und der Mann bot uns nichts an. Er sprach kaum ein Wort, seine Erwiderungen auf meine Fragen waren gewöhnlich: »Ich weiß nicht.« Im Auto gab es keine Getränke, nicht einmal Wasser. Außerdem war das Auto schmutzig. Noch ein Zeichen. Wenn Sie einen Gast empfangen, tun Sie das gewiss mindestens in Reinlichkeit und Liebe, in Achtsamkeit und Respekt.

Die Fahrt dauerte lange, und mir wurde langsam übel. Also fragte ich, ob wir eine Stelle zum Anhalten finden könnten, um etwas zu trinken. Ich konnte den Unmut des Fahrers spüren. Endlich fanden wir ein Restaurant, wo ich Erfrischungen bestellte, die ich mit meiner Frau teilte, er trank einen Orangensaft. Wir saßen still da.

Nachdem wir uns erfrischt hatten, fuhren wir weiter, und wieder spürte ich eine ungeheure Nervosität. Wir fuhren durch einen Wald und kamen schließlich bei einem sehr großen Haus an. Es war eines jener Häuser, wie ich sie mir vorstellte, wenn ich eine deutsche Oper anschaute. Es war riesig. Es war kahl. Draußen saßen etwa dreißig Leute auf dem Rasen. Sie schienen alle vollkommen verloren zu sein und ausgelaugt, ohne Energie. Die Leute schauten das Auto an, schauten uns an, aber sie grüßten nicht. Ein weiteres Zeichen?

Wir folgten dem Fahrer ins Haus. Die Eingangshalle fühlte sich leer und dunkel an. Dann kam endlich eine Frau, um uns zu begrüßen. Sie führte uns in ein Wohnzimmer. Dort saßen wir und warteten eineinhalb Stunden. Etwas abgestandener Käse wurde uns angeboten, er schwitzte schrecklich, und ein Krug Wasser. Wir warteten und warteten und dachten, unser Gastgeber müsse jeden Augenblick erscheinen.

Schließlich stand ich vom Sofa auf, ließ meine Frau allein mit dem Käse zurück, rannte fast in den Hauptbereich des Hauses und schrie: »Was um Himmels willen ist hier eigentlich los? Wo ist der Mann, der mich eingeladen hat?«

Eine Frau erschien und sagte: »Er betet gerade.«

Ich sagte: »Dann unterbrechen Sie sein Gebet, und bringen Sie ihn sofort hier nach unten!« Dann stürmte ich aus dem Raum und kehrte zu meiner Frau zurück. Wir warteten weitere zwanzig Minuten. Dann endlich betrat der Mann, der mich eingeladen hatte, den Raum. Er trug eine hellbraune, mit Gold durchwirkte Robe. Dies überraschte mich sehr, weil er, als er mich besucht hatte, mit Anzug und Krawatte makellos gekleidet gewesen war. In seiner Begleitung war ein riesiger Mann, ein Leibwächter, der mich mit einem Fußtritt hätte von den Beinen fegen können.

Ich stand vom Sofa auf und nahm einen tiefen Atemzug. »Ich bin sehr aufgebracht«, sagte ich. »Sie waren äußerst unhöflich. Warum haben Sie mich hierher eingeladen und mich dann nicht einmal begrüßt, als ich ankam? Sie haben uns am Flughafen warten lassen. Sie haben uns hier warten lassen. Denken Sie nicht, dass wir vielleicht müde sind nach einer so langen Reise? Sie wollen ein spirituelles Zentrum leiten, aber Sie können nicht einmal Ihrem Gast Beachtung schenken?«

Der Mann in der Robe entschuldigte sich leichthin, aber ich hatte nicht den Eindruck, dass er aufrichtig war. Er brachte uns nach oben, wo meine Frau und ich wohnen sollten. Der Raum schien seltsam zu riechen, ein Geruch, den ich nicht näher definieren konnte. Meine Frau trat in das Badezimmer, das gleich neben dem Schlafzimmer lag. Sie kam so schnell zurück wie eine Rakete, die vom Planeten Mars abprallt.

»Dort hinein werde ich *nicht* gehen!«, sagte sie. Sie schaute mich an, um mir zu zeigen, dass das ihr letztes Wort dazu sei.

Ist eine Frau derart entschieden bezüglich einer Sache, muss man das beachten. Meine Frau ist sehr empfindsam und kann Dinge besser erspüren als die meisten Menschen. Ich war neugierig, was sie denn meinte, also schaute ich selbst nach. Es war eigentlich ein ziemlich außergewöhnliches Badezimmer, mit Marmorboden, aber ich spürte darin eine subtile, böse Vorahnung. Es war unmöglich zu erklären warum. Die Atmosphäre überwältigte uns beide. Grausamkeit und Gewalt hingen in der Luft, jeder Stein und sogar der Marmorboden war davon durchdrungen. Mehr wusste ich zu jener Zeit nicht.

Ich sagte dem Gastgeber, dass dieser Raum für uns nicht angemessen sei, und natürlich spürte ich seinen Unmut. Schließlich blieben wir für die erste Nacht dort. Es war das einzige freie Schlafzimmer im Haus. Wir hörten aber von einer nahegelegenen Pension, in die wir am nächsten Tag umzogen.

Ich hatte versprochen, an diesem Abend einen Vortrag im Haupthaus zu halten. Wieder spürte ich die merkwürdige Energie im Haus. Es mangelte ihm an allem, was mit Liebe oder dem Werk der Transformation zu tun hat. Ganz eindeutig war etwas falsch. Ich hatte den Eindruck, dass wir diesen Ort so schnell wie möglich verlassen sollten.

Etwa um halb elf in jener Nacht klopfte es an die Tür, als ich schon im Bett lag. Meine Frau und ich wurden zu irgendeiner wichtigen Sitzung zitiert. Ich dachte, es sei ziemlich lächerlich, so spät in der Nacht eine Sitzung anzuberaumen. Aber es wurde mir gesagt, ich müsste hingehen – die Sitzung würde *mich* betreffen.

In dem karg beleuchteten Raum saßen etwa dreißig Leute in zwei halbmondförmigen Kreisen, und ich wurde vor sie hingesetzt. Bald realisierte ich, dass das eine Inquisition war. Sie klagten mich an, ein Betrüger zu sein. Es stellte sich heraus, dass alle diese Leute muslimische Konvertiten waren. Ich kann das respektieren, aber ich glaube nicht, dass man zu irgendetwas konvertieren muss, um dem Weg der Liebe und der Wahrheit folgen zu können. Ich würde lieber ein wirklicher Mensch werden, als irgendeinem festgelegten Dogma zu folgen. Aber sie klagten mich an, dass ich ihre spirituellen Regeln gebrochen hätte, Alkohol tränke, nicht zur rechten Zeit betete und so weiter und so fort. Kein Wunder, dass sie eine schlechte Meinung von mir hatten. Im Laufe der Jahre habe ich mich daran gewöhnt, dass mich Leute für das eine oder andere verurteilen. Das ist der Preis, den jeder Lehrer zahlen muss.

Trotzdem war ich überrascht, denn mein Gastgeber hatte all das über mich schon gewusst, als er mich in sein Zentrum einlud. Er war sogar in mein Haus gekommen, wo wir Wein getrunken und über solche Sachen gesprochen hatten. Nie hatte er gesagt, dass er ein orthodoxer Muslim sei. Es war also etwas sehr Unehrliches in all diesen Anschuldigungen. Hatte er mich hierher eingeladen, um mich auf diese Weise zu bestrafen? Ich dachte zurück an all die Zeichen auf dieser eigentümlichen Reise. Von allem Anfang an schien irgendetwas falsch zu sein. Hatte ich also Fehler gemacht beim Stellen der drei Fragen oder beim Empfangen der Antworten? Wenn nicht, warum musste ich dann in dieser Weise leiden? Vielleicht, damit ich etwas lernte? Vielleicht, damit sie etwas lernten? Oder musste hier womöglich in einer gewissen Weise gehandelt werden, damit bestimmte Muster aus der Vergangenheit transformiert oder erlöst würden? Also, was nun? Ich hörte zu, sagte aber nichts. Ich reagierte nicht. Ich atmete einfach und wartete, bis es vorüber war.

Am nächsten Tag teilte ich den Leuten im Zentrum mit, dass ich nicht länger bleiben könne. Ich sagte ihnen, dass ich nichts von dem versprochenen Geld haben wolle – ich wolle einzig und allein von dort wegkommen und nach Hause fahren. Ich bat sie, mich mit dem Auto zur Bahnstation bringen zu lassen, aber sie weigerten sich. Sie argumentierten, ich hätte schließlich zugestimmt, zu ihnen zu kommen, und dass ich diese Abmachung ehren und achten müsse. Es stimmte, ich hatte eine Abmachung getroffen; aber ich spürte Gefahr und ein Gefühl der Dunkelheit an dem Ort. Ich musste weg von dort. Aber wie sollte ich das ohne ihre Hilfe tun? Wir saßen mitten im Wald fest, ohne Bus, Taxi oder irgendetwas.

Ich ging zu Fuß von der Pension zum Haupthaus, um ein Frühstück einzunehmen. Es bestand aus einer Tasse Kaffee und einem Stück Brot. In der Pension gab es kein Restaurant. Durch das Fenster sah ich einen alten Mann, der im Garten arbeitete. Er muss ungefähr siebzig Jahre alt gewesen sein. Ich dachte, dass er vielleicht etwas über die Geschichte dieses Ortes wisse. Also ging ich hinaus und versuchte, mit ihm zu sprechen. Aber er sprach kein Englisch. Trotzdem versuchte ich zu kommunizieren, gestikulierte wild, aber es nützte nichts. Also kehrte ich zu meinem Kaffee zurück und schaute dem alten Gärtner bei der Arbeit zu.

Intuitiv wusste ich, dass dieser Ort eine Geschichte besaß, die noch immer in seinen Mauern nachhallte. Etwas Seltsames musste geschehen sein, und noch immer geschah etwas Seltsames. Was war es nur? Sicher wüsste es der Gärtner, dachte ich mir, denn er lebte bestimmt schon lange in dieser Gegend.

Genau zu diesem Zeitpunkt kam ein Mann im Geschäftsanzug an und setzte sich an meinen Tisch. Er stellte sich vor als Rechtsanwalt des Mannes, der mich eingeladen hatte. Er ließ mich wissen, dass ich dem Zentrum viel Geld dafür schulde, dass ich soviel Schwierigkeiten verursache, und dass ich ihnen noch mehr Geld schulden werde, wenn ich wegginge, bevor die drei Wochen um wären.

Das war unglaublich! Ich hatte diesen Leuten schon gesagt, dass ich von ihnen kein Geld haben wolle. Und nun versuchten sie, Hand an meine Ersparnisse zu legen. Ich sagte dem Mann, *sie* seien diejenigen, die Schwierigkeiten machten. Alles, was ich wolle, sei hier wegzukommen und nach Hause zu fahren. Ich sagte, er solle mich vor Gericht bringen, wenn er das wolle, aber ich würde auf die eine oder andere Art abreisen.

Schließlich ging er weg, und ich sah ihn nie wieder. Ich trank meinen Kaffee aus und nahm meine Beobachtung des alten Gärtners wieder auf. Dann, in einem jener plötzlichen Aufblitzen, wenn Zeitzonen kollidieren, sah ich es – Soldaten der deutschen Wehrmacht. Sie kamen auf mich zu. Mit ihren hohen Stiefeln marschierten sie wie Roboter mit großer Präzision. Gleichzeitig erkannte ich eine Reihe müder englischer Soldaten, die offensichtlich lange Zeit gelitten hatten. Sie marschierten in die andere Richtung. Ich sah zwei Zeitzonen auf einmal, eine während des Krieges, die andere unmittelbar danach. Ich wusste auch, dass die Nazi-Soldaten sich an diesem Ort mit etwas sehr Unmenschlichem beschäftigt hatten. Ich konnte erkennen, wie schreckliche Experimente durchgeführt wurden, und hörte Hilfeschreie und das Flehen um Gnade. Das geschah alles in einem Aufflammen; wie in einem Blitz sah ich durch die Zeit hindurch.

Als ich in die Gegenwart zurückkehrte, zitterte ich wegen dieses Alptraums am ganzen Körper, und ich spürte Übelkeit. Was ich gesehen hatte, war keine Phantasie. Es war so real wie der Gärtner, der vor mir arbeitete. Ich war aufgeregt. War in diesem Haus etwas geschehen, was nicht Teil des wirklichen Lebens war? Was war hier vor vielen Jahren passiert? Und was geschah hier jetzt? Dies waren meine Gedanken, meine Fragen. Hatte ich in die Vergangenheit geschaut, oder hatte ich das geschaut, was sich in der Gegenwart wiederholte? Wie steht die Vergangenheit in Verbindung zur Gegenwart? Wiederholt sich die Zeit, wenn die Vergangenheit nicht erlöst wird? Und: Was kann ich möglicherweise jetzt tun, um der Zukunft zu helfen? Es galt, so viele Fragen in Betracht zu ziehen.

Ich ging zum Büro des Zentrums und fragte erneut, ob sie mir vielleicht ein Auto mit Fahrer besorgen könnten, um uns zur Bahnstation zu bringen. Wieder weigerten sie sich strikt, irgendetwas zu tun. Also ging ich zurück in die Pension und trug meiner Frau auf, unsere Koffer zu packen. Irgendwie würden wir einen Weg finden, hier wegzukommen. Ich erinnerte mich an den Namen eines deutschen Paares, das mir einmal einen liebevollen Dankesbrief geschrieben hatte, nachdem sie meine ersten beiden Bücher gelesen hatten. Ich dachte, sie könnten möglicherweise helfen. Ich bat den Besitzer der Pension, die Auskunft anzurufen und ihre Telefonnummer herauszufinden. Erfolg! Der Ehemann war gerade zu Hause. Er war sehr warmherzig und freundlich. Ich fühlte mich schon erleichtert.

Er konnte selbst nicht kommen, aber er kannte jemanden, der in der Nähe lebte. Dieser war, wie sich herausstellte, ein alter Freund von mir, der nicht weit von uns entfernt ein Seminar hielt. Nun kamen die Dinge in Bewegung.

Ich rief diesen Freund in der Nähe an und bat, bettelte gar, er möge kommen, uns abzuholen. Das tat er am selben Tag, und er fuhr uns zum Bahnhof, wo meine Frau und ich einen Zug nach Holland bestiegen. Wir wollten uns dort von unserer Tortur erholen.

Doch ich wollte immer noch herausfinden, was der alte Gärtner wusste. Das Paar in Süddeutschland, das ich um Hilfe gebeten hatte, lud uns ein, eine Weile bei ihnen zu wohnen. Sie arbeitete als Homöopathin, und er war verantwortlich für die Finanzen einer großen Firma. Er war dem Wesen nach ein Mystiker, aber seiner äußeren Form nach war er einfach ein ganz gewöhnlicher Geschäftsmann. Als wir das Abendessen einnahmen, fragte ich ihn: »Kennst du irgendjemanden vom deutschen Geheimdienst?«

Es ist nicht üblich, irgendjemandem eine derartige Frage zu stellen. Und man kann wirklich keine Antwort erwarten. Er schaute mich gespannt an, sagte aber nichts. Dann gab es eine sehr lange Pause. Ich hatte eine Intuition, dass er *wirklich* jemanden kannte.

In die Stille hinein sagte ich: »Ich erwarte nicht, dass du antwortest, aber... Wenn du solche Kontakte hast und man eine junge Person als eine Art spiritueller Hippie verkleidet in dieses Zentrum einschleusen würde, dann könnte sich vielleicht etwas Gutes aus diesem Besuch ergeben.«

Wir sprachen nicht weiter über die Angelegenheit, aber ich spürte, dass vielleicht etwas geschehen würde. Meine Frau und ich fuhren zurück in die Staaten. Ein paar Monate später erhielt ich einen Brief und ein Exemplar einer führenden Zeitschrift Deutschlands. In dem Magazin fand ich einen größeren Artikel über dieses so genannte spirituelle Zentrum. Der Bericht nannte viele Dinge, die man dort aufgedeckt hatte. Er bestätigte, was ich gesehen und was ich gespürt hatte. Und ich hatte recht gehabt: Der Gärtner wusste alles.

Das Haus war in der Tat während des letzten Weltkriegs für genetische Experimente benutzt worden, bei denen man Zigeuner, Juden und auch Tiere als »Versuchsmaterial« benutzt hatte. Die nahegelegene Pension hatte als Zentrum für die Nazi-Geheimpolizei oder für die SS gedient. Der wirklich interessante Punkt war nicht, dass das Haus für solche Aktivitäten benutzt worden war, schließlich haben viele solche Dinge in der Kriegszeit stattgefunden, auf die niemand besonders stolz sein kann. Wichtig für mich war, dass die Schwingungen und die Erinnerungen im Haus selbst geblieben waren und ich mich aufgrund meiner Sensitivität auf eine Reihe von Ereignissen einstimmen konnte, die irgendwann in der Vergangenheit geschehen waren.

Der Artikel zeigte auch, wie viel Fanatismus und psychologische Manipulation es heute noch gibt. Einige Zeit, nachdem ich diese Zeitschrift erhalten hatte, erfuhr ich, dass das Zentrum geschlossen worden war.

Als ich den Artikel las und von der Geschichte des Ortes erfuhr, fragte ich mich wieder, warum ich in all das hineingeraten war. Hätte ich kein Ja auf jede meiner drei Fragen erhalten, wäre ich nie hingefahren. Warum also erhielt ich dreimal ein Ja? Vielleicht musste ich etwas lernen. Vielleicht mussten sie etwas lernen. Vielleicht spielte ich eine notwendige Rolle in einer Transformation und Erlösung der Vergangenheit. Vielleicht gab es mehrere Gründe.

Roben

VOR LANGER ZEIT TRUG ICH ETWA ZWEI JAHRE LANG ROBEN. Alle dachten, ich sei vollkommen verrückt, weil ich in Roben von Pierre Cardin herumlief. Meine Unterrobe hatte achtzehn blaue Knöpfe, die die achtzehn Prüfungen in der Sufi-Tradition darstellten, und ich lief mit nackten Füßen in Sandalen herum.

Zu dieser Zeit flog ich nach Boston. Ich kam am Flughafen an und ging durch den Zoll. In jenen Tagen konnte man durch die Glasfenster sehen, jede einzelne Person anschauen, und da war ich und sah aus wie ein Franziskanermönch. Ich wurde von einem jungen Mann abgeholt, der lange Haare bis zur Taille trug und in purpurnen Samt gekleidet war. Der Zollbeamte hatte eine große Zigarre im Mund, und er war riesig. Er ließ mich sämtliche Koffer öffnen, und alle Leute schauten zu. Ich hatte alle Bachblüten-Essenzen bei mir, die ich immer zu Heilzwecken verwendete. Außerdem hatte ich noch eine große Menge homöopathischer Medikamente dabei.

Der riesige Zollbeamte nahm eines der homöopathischen Medikamente und fragte: »Was ist das?«

Ich sagte: »Nun, es ist eine Art ›Gleiches heilt Gleiches‹.«

Das war eine dumme Art zu antworten.

Dann griff er zu einem der Bachblüten-Fläschchen, die alle identisch aussehen – insgesamt waren es achtunddreißig –, und sagte, er müsse sie analysieren und auch die homöopathischen Medikamente. Ich wartete etwa zehn oder fünfzehn Minuten. Er kam zurück, gab mir das homöopathische Medikament und sagte: »Das entspricht Kokain.«

Ich sagte: »Es kann nicht Kokain entsprechen, es ist Homöopathie.«

Auf der Swyre Farm, in Robe

Dann fragte er: »Was ist das?«, und wies auf die Bachblüten-Essenz, die er vorher in die Hand genommen hatte.

Ich antwortete: »Mimulus.«

»Wofür ist das gut?«

»Angst«, erwiderte ich.

»Haben Sie Angst?«, fragte er.

Inzwischen schwitzte ich am ganzen Körper – die Roben von Pierre Cardin waren ziemlich schwer. Es stellte sich heraus, dass er bluffte, also ließ er mich schließlich gehen. Als ich durch die Glastüren hinausgehen wollte, wurde ich von einem Mann angehalten, der mir eine CIA-Dienstmarke vor die Nase hielt. Er bat mich, ihm zu folgen. Alles, was ich außer etwas Geld in der Tasche hatte, waren meine Gebetsperlen. Sie wurden mir weggenommen, um mit einem Röntgenapparat überprüft zu werden. Ich sagte: »Das sind meine Gebetsperlen.«

Im Raum befand sich ein großer Mann mit einer riesigen Zigarre und ein kleinerer Mann. Sie forderten mich auf, meine Kleider auszuziehen und machten eine Leibesvisitation. Sie entschuldigten sich für nichts. Sie durchsuchten alle Koffer und dann mich, und nie baten sie um Entschuldigung. Ich ging hinaus und traf meinen Freund, der auch durchsucht worden war.

Der Mann im purpurnen Samt hatte angenommen, dass wir im Haus einer berühmten französisch-amerikanischen Schauspielerin unterkommen würden. Das funktionierte aber nicht. Mein Freund sagte also: »Ich kenne einige Leute, die ein Hausboot besitzen.« Es befand sich auf Staten Island. Wir fuhren dorthin. Auf der einen Seite des Anlegeplatzes befand sich eine Bar und auf der anderen ein Parkplatz. Dann gab es dort einen Landungssteg zum Hausboot. Ich war erschöpft – ich war eben in voller Robe aus England angekommen.

Wir schritten über den Landungssteg. Als wir im Boot ankamen, saßen dort etwa fünfundsiebzig Leute auf dem Boden, in der Mitte ein Mann mit einem riesigen chinesischen Gong. Er saß auf einer Art chinesischem Stuhl. Als ich eintrat, sah ich auf der linken Seite etwa fünf Schüsseln, alle voller Pillen. Es waren die Vitamine B und C, und alle aßen Hände voll davon. Ich stand an der Schwelle und betrachtete alle diese Leute. Plötzlich schrie eine Frau: »Aaaah«, ein wenig wie der Urschrei. Sie schrie, und der Mann schlug auf den Gong und sagte: »Elisabeth ist erleuchtet!« Da standen alle auf, umringten und umarmten sie.

Mir war das zu viel. Ich schlug meinem Freund Leonard vor, wir sollten weggehen und etwas trinken. Also gingen wir in die Bar beim Parkplatz. Wie gesagt, er war in purpurnen Samt gekleidet, trug rotes Haar bis zur Taille, und ich trug die Robe eines Franziskaners. So betraten wir die Bar. Natürlich starrten uns alle an. Etwa zwanzig Minuten später konnte ich sehen, dass Feuer durch das Fenster hereindrang. Ich dachte: »Oh Gott, meine Robe wird Feuer fangen!« Ein Mann mit weit aufgerissenen Augen kam herein, er sah vollkommen verrückt aus – er hatte eben auf dem Parkplatz Feuer gelegt und einige Autos angezündet. Dann kam die Polizei, und ich sagte: »Es ist wohl besser, wir gehen auf das Boot zurück.«

Jemand führte mich zu meiner Kabine. Ich erinnere mich, wie ich eintrat – sie war ziemlich klein –, die Robe auszog und nur mit Unterhosen bekleidet zu Bett ging. Ich dachte: »Hier geschieht Seltsames, ich bin nicht allein.«

Ich spürte, dass sich jemand in meinem Bett befand. Zuerst wollte ich wissen, ob die Person männlich oder weiblich war. Es war stockdunkel, und ich spürte, dass es eine Frau war. Sie war wach. Ich fragte: »Was um Himmels willen tun Sie in meinem Bett?«

Keine Antwort. Nichts passierte, weil ich mich weigerte, und es gelang mir, ein wenig zu schlafen. Als die Dämmerung kam, sah ich, dass die Dame unglaublich schön war. Es stellte sich weiterhin heraus, dass sie eine in New York wohlbekannte Yoga-Lehrerin war.

Sicher war dies eine Zeit meines Lebens, die viele Menschen, die mich kannten, nur schwer verstehen konnten. Aber sie enthielt so viel Humor und Pathos, dass mir schließlich geholfen wurde zu erkennen, dass ich weiterziehen musste. Es war um diese Zeit, da ich beschloss, meine Roben für immer auszuziehen.

Treu sein im Leben

Was bedeutet es, im Leben treu zu sein?
Treu sein ist nicht, was es zu sein scheint.
Wie Jesus sagte, beginnt Treue mit Denken.
Wenn wir dem Augenblick treu sind,
werden wir nichts außerhalb dieses Augenblicks treu sein.
Wenn wir die Sterne sehen können, den Mond und den Wind,
der durch die Bäume weht, ist es unmöglich, dem Leben
untreu zu sein.
Können wir jeden Augenblick sehen?
Können wir jeden Augenblick hören?
Können wir die Bedeutung jedes Augenblicks empfangen?
Können wir treu sein, *im* Leben und *dem* Leben,
jeden Augenblick?

Der Schwarze Christus

ES IST WIRKLICH ERSTAUNLICH, WIE DAS UNIVERSUM ALLE Lehren bereitstellt, die wir brauchen, solange wir auf die Zeichen achten. Auf die Zeichen achten bedeutet nicht, auf das Leben zu projizieren, was wir von ihm wollen, sondern vielmehr, den Raum umzukehren und verstehen zu lernen, dass alles, was wir in der äußeren Welt sehen, eine Spiegelung dessen ist, was in uns selbst ist oder was wir in jedem einzelnen Augenblick wissen müssen.

Ich war nach New York eingeladen worden, um verschiedene spirituelle Gruppen zusammenzubringen, die in einen heftigen Konkurrenzkampf untereinander verstrickt waren. Zu jener Zeit lag viel spiritueller Ehrgeiz in der Luft. Die Leute glaubten, es gäbe tatsächlich eine »Alternative« zum normalen Leben, statt ihre innere Arbeit in das Alltagsleben einzubringen.

Ich akzeptierte die Einladung unter ganz bestimmten Bedingungen. Eine davon war, dass keine Gruppe die Erlaubnis erhielt, Werbung zu machen für das, was sie tat. Es war meine Absicht, dass wir alle zusammenkommen und gemeinsam einen Tag des Teilens ohne Vergleich verbringen würden. Es stellte sich als ein phantastischer Tag für alle heraus, und wir schlossen ihn ab, indem wir gemeinsam in der Einheit des Seins sangen und beteten.

Am Abend packte ich meine Sachen, um nach Hause zurückzukehren, als ein Freund anrief und sagte: »Reshad, möchtest du den Schwarzen Christus treffen?«

»Wie bitte?«, erwiderte ich. »Was um Himmels willen meinst du?«

Ich war ziemlich bestürzt. Also fuhr er fort und erklärte, dass ein sehr berühmter Lehrer, der mittlerweile gestorben war, diesem schwarzen Amerikaner begegnet sei und entschieden hätte, dass dieser die Wiedererscheinung Christi sei. Bevor er starb, trug er all seinen Jüngern auf, ihn zu besuchen.

Das war eine allzu große Versuchung. Also entschied ich mich, meinen Flug zu annullieren. Ich sagte meinem Freund, dass ich diesen Schwarzen Christus sehr gern so bald wie möglich besuchen würde.

»Treffen wir uns in einer Stunde«, sagte er.

Ich eilte in einen Laden in der Nähe, wo ich einige Früchte kaufte und sie schön einpacken ließ – in der Hoffnung, dass dies ein passendes Geschenk für den Schwarzen Christus sei. Mein Freund holte mich mit seinem Wagen ab, und wir fuhren in die Nacht.

Bald bemerkte ich, dass etwas eigentümlich war. Ich hatte mir vorgestellt, dass ein »Christus«, ob nun weiß oder schwarz, in einer schicken Gegend wohnen würde. Aber wir fuhren direkt in die Slums hinein. Ich hatte nie solche Armut und Not gesehen. Es war wirklich entsetzlich. Schließlich bogen wir in eine Gasse ein, die von heruntergekommenen Autos gesäumt war. Mir wurde mitgeteilt, dass wir unser Ziel erreicht hätten. Mein englischer Sinn für Humor meldete sich, und ich fragte mich, ob wir den Schwarzen Christus auf dem Rücksitz eines dieser verlassenen Autos finden würden, wo er Hof hielte.

Aber wir betraten ein kleines Haus, ein wenig zurückversetzt von der Straße. Wir stiegen einige wackelige Treppenstufen hoch direkt in eine Küche, in der sich viele Menschen zusammendrängten. Es war so eng, dass wir uns nicht rühren konnten. Auf der einen Seite stand ein großer Herd mit drei enormen Kochtöpfen, die dampften und einen schrecklichen Geruch verströmten. Kein

Anzeichen irgendeines Christus. Aber als ich in die Augen der Leute schaute, bemerkte ich, dass sie von Licht erfüllt waren.

Endlich fragte jemand: »Möchten Sie ihn jetzt sehen?«

»Ja, bitte«, erwiderte ich und betrachtete die Kochtöpfe misstrauisch.

Man führte uns aus der Küche, den Gang hinunter in ein winziges Schlafzimmer. Ein schwarzer Herr saß auf dem Bett, mampfte ein Sandwich und schaute sich im Fernsehen ein Football-Spiel an. Für mich sah er nach nichts Besonderem aus. Aber wer weiß schon wirklich, wer wer ist? Neben ihm auf dem Bett saß eine sehr schöne Frau, die, wie ich später herausfand, eine Prostituierte war. Sie war zu ihm gekommen, um sich heilen zu lassen. Zuerst schien er kaum Notiz von ihr zu nehmen. Ich wusste nicht, was ich tun sollte, also setzte ich mich auf den Boden und versuchte, demütig auszusehen. Auch mein Freund setzte sich auf den Boden und bemühte sich, demütig auszusehen.

Ich konnte erkennen, dass die Leinentücher seit langer Zeit nicht mehr gewechselt worden waren, und ich musste mich zurückhalten, ihn nicht zu verurteilen. Schließlich, ist es denn an uns, zu werten? Das Spiel im Fernsehen ging zu Ende, und er aß sein Sandwich auf. Er wandte sich der Frau zu, die auf dem Bettrand saß.

Er schaute ihr tief in die Augen und schrie mit lauter Stimme: »Rote Medizin!« Dann packte er sie an den Schultern und schüttelte sie wie Pudding. Er rutschte mit den Händen ein bisschen weiter nach unten und schüttelte sie noch mehr. »Nun geh und nimm deine Medizin«, sagte er. Ich muss sagen, als sie von diesem Bett aufstand, sah sie erstaunlich anders aus.

Plötzlich schaute er mich an und sagte: »Du!«

»Ja?«, antwortete ich schüchtern. Ich war nicht zum Schwarzen Christus gekommen, um mich heilen zu lassen. Ich fühlte mich eigentlich vollkommen in Ordnung.

Er schaute mich kurz an und befahl: »Nur weiße Medizin!« Dann wandte er sich wieder dem Fernsehgerät zu, und das bedeutete, dass unser Treffen beendet war.

Mein Freund und ich kehrten in die Küche zurück. Ein riesiger Mann kümmerte sich um den kochenden Inhalt der Töpfe. Er lächelte breit. »Der Schwarze Christus sagte mir, ich solle die weiße Medizin nehmen«, brachte ich bescheiden vor.

»Ah«, erwiderte er in einem tröstenden Ton. »Mit der weißen Medizin werden Sie nur vierundzwanzig Stunden auf der Toilette sitzen; mit der roten sind es drei Tage und die schwarze nimmt eine Woche in Anspruch.«

Er erklärte, dass es Kräuter aus Afrika wären und dass ich einen Blick in die Töpfe werfen solle. Ich hielt mir die Nase zu, spähte hinein und sah, dass ein Topf die weiße Medizin enthielt, einer die rote und einer die schwarze. Bevor er mir die Medizin gab, fügte er noch einige Zutaten bei. Ich beobachtete ihn ganz genau. Zuerst goss er eine Flasche weißen, amerikanischen Portweins und dann ein wenig Rosé hinzu. Das Gebräu brodelte weiter, und der Geruch im Raum wurde noch schlimmer. Endlich war er mit dem Mischen fertig und überreichte mir meine Flasche mit weißer Medizin.

Zurück in dem Haus, in dem ich wohnte, fragte ich mich: »Was geht da eigentlich ab? Ist er tatsächlich ein Heiler? Ist er ein Betrüger? Tut er den Leuten wirklich Gutes? Oder funktionieren diese Heilungen bloß durch *Einverständnis?*« Später entdeckte ich, dass sie tatsächlich funktionierten und vielen Leuten geholfen wurde. Ich fand auch heraus, dass er von Beruf Kfz-Mechaniker war. Das war der Grund, weshalb seine Leinentücher so schmutzig gewesen waren. Seine Hände waren völlig verschmutzt mit Motorenöl!

Eine der Lektionen, die ich aus dieser Geschichte lernte, war, dass das Wort *Einverständnis* – in einem relativen Sinn – ein stärkeres Wort ist als »Gott«. Es ist wahrhaft erstaunlich, was wir vollbringen können, einfach dadurch, dass wir damit einverstanden sind, dass alle Dinge möglich sind. Weil dieser Mann durch das, was ein berühmter spiritueller Führer über ihn gesagt hatte, ein solch ungeheures Maß an Einverständnis erhalten hatte, half das den Leuten, an den Heilungsprozess zu glauben. Andererseits glaube ich, dass dieser Mann *wirklich* außergewöhnliche Heilfähigkeiten besaß und er daher vielen Leuten auf dem Weg Gutes tun konnte.

Der Scheich

ALS ICH NACH ENGLAND ZURÜCKGEKEHRT WAR, ERHIELT ICH einen Anruf von einem Mann, der mir sagte, er sei ein Scheich eines bestimmten Sufi-Ordens. Er sprach makelloses Englisch, aber ich bemerkte die Spur eines Akzents. Er teilte mir mit, dass er mein erstes Buch gelesen hätte und mich gerne treffen würde.

Er lud mich in sein Haus ein, wollte aber nicht sagen, wo genau es sich befand. Ich sollte in eine bestimmte Stadt fahren, etwa zwei Stunden von meinem Wohnort entfernt, und für eine gewisse Stecke einer bestimmten Straße folgen, bis ich zu einer Parkbucht am Straßenrand käme. Dort sollte ich auf einen blauen Mercedes warten, der mich zum Haus eskortieren würde. Die Einladung war sehr absonderlich, fand ich, mit all diesen komplizierten Anweisungen. Ich dachte mir, dass er vielleicht seine Adresse nie Fremden bekanntgab, und natürlich kannte er mich eigentlich nicht.

Am festgelegten Tag brach ich mit meiner Frau und einem jungen amerikanischen Schüler, der damals bei mir zu Besuch weilte, zu dieser Reise auf. Wir kamen ein paar Minuten zu früh am vereinbarten Ort an und warteten. Dann, genau zur vereinbarten Zeit, kam ein großer blauer Mercedes. Er war pefekt poliert und schien absolut neu zu sein. Der Fahrer kam allein. Er schaute ostindisch aus und trug eine schwarze Mütze, also nahm ich an, dass er Berufschauffeur war. Er stieg nicht aus dem Mercedes aus, sondern bedeutete uns mit einer Handbewegung, ihm in unserem Auto zu folgen. Wir fuhren dem großen Mercedes etwa zwanzig Minuten lang hinterher. Bald hatten wir keine Ahnung mehr, wo wir uns befanden. Ich stellte fest, dass wir durch eine sehr wohlhabende Gegend fuhren, mit riesigen Häusern und großen Anwesen. Schließlich bogen wir in einen Privatweg ein und hielten vor einem mächtigen Eisentor, das sich von selbst öffnete. Wir fuhren weiter, und bald standen wir vor einem sehr schönen und großzügigen Haus.

Ein Mann wartete draußen, um uns zu begrüßen, aber ich wusste, dass er nicht der Scheich war. Er streckte freundlich seine Hand aus und sagte: »Willkommen, Dr. Feild. Ich hoffe, Sie hatten eine angenehme Fahrt. Unser Scheich bereitet sich darauf vor, Sie zu begrüßen, und natürlich haben wir etwas zum Essen für Sie vorbereitet.«

Er begrüßte meine Frau und sagte dann: »Die Frauen betreten das Haus von der anderen Seite.« Eine Frau in traditionell islamischen Kleidern erschien beinahe aus dem Nichts. Sie begrüßte meine Frau und bat sie, ihr zu folgen, während mein Freund und ich durch die Vordertür in das Haus geführt wurden.

Das geschah alles so schnell, dass mir kaum Zeit blieb, zu meiner Frau noch etwas zu sagen, als sie wegführt wurde. Meine Frau ist normalerweise unmittelbar neben mir, wenn wir jemanden besuchen, so schien es eher merkwürdig, dass sie in die eine Richtung wegging und ich in die andere, aber aus Respekt gegenüber meinem Gastgeber stritt ich nicht. Ich wusste ohnehin, dass es ihr gutginge, und ich erwartete, sie bald wiederzusehen.

Im Haus herrschte eine angenehme Atmosphäre, mit Kunstwerken aus dem Nahen Osten, die einen eher westlichen Einrichtungsstil ergänzten. Wir wurden in ein Wohnzimmer geführt, wo wir saßen und höflich darauf warteten, dass der Scheich kam. Ich hatte nicht die geringste Ahnung, was wir erwarten sollten oder was sich ereignen würde. Und ich hatte keine Ahnung, wer dieser Mann war, wie er aussehen mochte oder worüber, um alles in der Welt, wir sprechen sollten. Ich wusste nicht einmal, warum er mich eingeladen hatte. Und ich hatte noch immer keine Ahnung, wo sich meine Frau befand. Auf dem Tisch stand ein Teller mit Datteln und türkischen Aprikosen. Mein amerikanischer Freund betrachtete diese Gedecke sehnsuchtsvoll, aber als er seine Hand danach ausstreckte, packte ich seinen Arm und bestand darauf, dass er überhaupt nichts esse, bevor er nicht dazu eingeladen würde. Tatsächlich wies ich ihn an, ruhig zu sitzen und seinen Mund zu halten, außer er würde gebeten zu sprechen. Ich erklärte ihm, dass wir uns als gute Gäste angemessen benehmen sollten.

Sehr bald erschien unser Gastgeber, und wir erhoben uns sofort von unserer Couch, um ihn zu begrüßen. Er war etwa gleich groß wie ich und schien etwa gleichen Alters zu sein. Seine Augen waren klar und strahlend, und er trug eine einfache islamische Robe. Nun wusste ich, dass er ein Muslim war, der den koranischen Regeln Folge leistete. Zwischen uns entstand sofort eine unmittelbare Nähe. Alles, was ich sagen kann, ist, dass es sich ganz außerordentlich anfühlte. Ich hatte ihm ein kleines Geschenk mitgebracht; es zeugt immer von gutem Benehmen, wenn man seinem Gastgeber ein besonderes Geschenk mitbringt. Er nahm es wohlwollend an.

Der Scheich war ein Mann von unglaublicher Würde, und doch umgab ihn eine Ausstrahlung von Bescheidenheit. Wir begegneten uns mit den Augen und in unseren Herzen. Es war eine Art unmittelbaren Erkennens. Mein Herz sang in seiner Gegenwart. Der Respekt zwischen uns war absolut und vollkommen aufrichtig. Ich dankte ihm dafür, dass er uns eingeladen hatte, und er wiederholte immer wieder seinen Dank für unser Kommen.

Ich kann mich überhaupt nicht daran erinnern, worüber wir sprachen, doch erinnere ich mich, wie dankbar ich war, mit einem Menschen von solcher Würde und Präsenz sprechen und mich mit ihm austauschen zu können. Er war im Irak geboren und hatte dort bei einem bestimmten Sufi-Scheich studiert, der das Oberhaupt eines besonderen Ordens war. Bevor dieser Lehrer starb, ernannte er meinen Gastgeber zum neuen Führer des Ordens. Als mein Gastgeber etwas von sich selbst erzählte, wurde mir klar, dass er kein Müßiggänger war. Er hatte einige Zentren in Pakistan gegründet, ein Zentrum in England und eines in Amerika. Er war auch mit vielen Projekten beschäftigt und hatte in Pakistan sogar einige Krankenhäuser für die Armen aufgebaut. Er besaß auch viele Handelsunternehmen. Er erzählte nicht, wie er seinen Reichtum erworben hatte, doch mir war klar, dass er Multimillionär sein musste.

Einmal schaute er meinen amerikanischen Freund an, hob den Teller mit den getrockneten Früchten und bot sie ihm an. Der Amerikaner entschied sich dankbar für eine Dattel. Später kam ein Mann herein und brachte viele Teller mit verschiedenen Speisen. Der Scheich bat uns, uns im angrenzenden Raum für eine Mahlzeit hinzusetzen. Plötzlich erinnerte ich mich an meine Frau. Wo war sie, und warum wurde sie nicht zu diesem besonderen Mahl eingeladen?

Genau als ich das dachte, sagte der Scheich: »Oh, Ihre Frau. Sie müssen sich fragen, wo sie ist. Sie ist bei den Frauen. Ich weiß, das muss seltsam für Sie sein, und ich möchte nicht unhöflich sein, aber es ist Teil unserer islamischen Sitten, dass Männer Männer treffen und Frauen Frauen. Aber machen Sie sich keine Sorgen, Sie werden beide bald nach der Mahlzeit wieder vereint sein.«

Es tat mir leid, dass sie diese Erfahrung nicht mit mir teilen konnte. Aber selbstverständlich war ich Gast, und es ist richtig, dass der Gast die besonderen Sitten seines Gastgebers akzeptieren soll. Während unserer Mahlzeit dämmerte mir plötzlich, dass Ramadan war, was in der islamischen Tradition eine Fastenzeit ist. Nun war ich wirklich verdutzt. Alles, was ich gesehen hatte, alles, was er gesagt hatte, wies daraufhin, dass er ein frommer Muslim war und dem Koran buchstabengetreu folgte. Doch warum aß er mit uns dieses Mahl?

Ich fragte ihn: »Mein lieber Freund, ich möchte nicht unhöflich sein, doch ich habe angenommen, Sie seien ein gläubiger Muslim.«

Er erwiderte: »Ja, das bin ich.«

»Aber«, sagte ich, »ist jetzt nicht die Zeit des Ramadan, die Fastenzeit?«

»Selbstverständlich ist es das«, erwiderte er. »Ich fragte mich, ob Sie das wissen. Sie müssen sich fragen, warum ich mit Ihnen esse. Ich teile die Nahrung mit Ihnen, weil Sie mein Gast sind. Es wäre unhöflich, Sie hierher einzuladen, ohne Ihnen Essen anzubieten. Und es wäre unhöflich von Ihnen, diese Nahrung zu essen, wenn Ihr Gastgeber das nicht kann. Dem Gesetz nach kann ich an Fastentagen nichts essen, aber das ist nicht das Gesetz, dem zu folgen Sie sich entschieden haben. Wir glauben, dass der Mensch seine eigene Wahl treffen muss, sich dem von Gott erlassenen Gesetz unterzuordnen oder das nicht zu tun. Ich will das Gesetz des heiligen Koran nicht brechen, gleichzeitig aber darf ich die Regeln des freundschaftlichen Benehmens nicht brechen. Hätten Sie sich wegen des Ramadan geweigert, das Essen einzunehmen, dann würden wir gemeinsam fasten; aber Sie essen, und deshalb esse ich mit Ihnen.«

Ich war immer noch verwirrt: »Doch was hat es auf sich mit dem Brechen des Gesetzes?«, fragte ich. »Brechen Sie nicht noch immer das Gesetz?«

»Nein, eigentlich tue ich das nicht«, er lächelte und nahm einen Bissen. »Im heiligen Koran steht nämlich, dass der Mensch, wenn er am selben Tag ›mehr als fünfzig Meilen‹ gereist ist, dann etwas essen und trinken darf, sogar an den Fastentagen. Ich nehme an, dass er nach der Reise über eine solche Distanz ein wenig Nahrung und Trinken braucht. Da ich wusste, dass Sie kommen würden, und ich dachte, Sie seien vielleicht kein orthodoxer Muslim, musste mich mein Chauffeur mehr als fünfzig Meilen weit fahren, bevor Sie kamen.‹

Er lächelte. Und ich tat das auch.

Während dieser besonderen gemeinsamen Zeit sprachen wir über unsere Erfahrungen auf dem Weg. Irgendwie war es eine Art Katz-und-Maus-Spiel, da wir einander besser kennenlernen wollten, unsere Fragen, wie auch unsere Antworten im Allgemeinen jedoch sehr indirekt waren und nie so ganz auf den Punkt kamen. Da war eine Art von Verspieltheit in unserer gegenseitigen Entdeckung. Doch gleichzeitig empfand ich das Treffen als sehr tiefgründig.

An einem gewissen Punkt konnte ich nicht mehr anders, als ihn über seine Frauen zu befragen, denn er hatte Frauen und nicht eine Frau erwähnt. Er hatte drei. Das ist in seiner Tradition und auch vom koranischen Gesetz akzeptiert. Er erzählte, wie er jeder seiner Frauen begegnet war, und gab zu, dass sie alle sehr unterschiedlich seien. Es stellte sich heraus, dass ich einer von ihnen in Hawaii begegnet war, als ich mein zweites Buch schrieb. Sie pflegte an den Probelesungen der einzelnen Geschichten teilzunehmen. Sie war eine Engländerin und Managerin eines Unternehmens. Der Scheich hatte sie gesehen und sich sofort verliebt. Also kaufte er die Firma, in der sie arbeitete, und machte ihr nach einem Geschäftsessen einen Antrag.

Schließlich wurde es Zeit zu gehen. Etwa drei Stunden waren verstrichen, und endlich erschien meine Frau wieder. Natürlich fragte ich mich, was sie wohl die ganze Zeit über gemacht hatte. Der Scheich übergab ihr ein Geschenk und entschuldigte sich, dass er nicht in der Lage gewesen sei, sie zu den Männern einzuladen. Er erklärte, dass diese Trennung der Geschlechter zu den Sitten seiner Tradition gehöre. Ich konnte erkennen, dass meine Frau das respektierte. Ich realisierte, dass die Erlebnisse meiner Frau in diesen letzten Stunden auf ihre eigene Art sehr besonders und einzigartig gewesen sein mussten.

Wir gingen alle in einem Klang der Dankbarkeit auseinander. Der Chauffeur fuhr uns voraus, um uns aus dem Besitz und auf die richtige Straße nach Hause zu führen. Im Lauf der Jahre habe ich den Scheich noch einige Male getroffen. Jedesmal war es ein Segen. In einer Weise, die ich nicht beschreiben kann, war er wichtig für mich. Es hat etwas zu tun mit der Einsamkeit eines Menschen auf dem Weg und der Seltenheit einer Begegnung mit jemandem, dem man sich wie einem Bruder nahe fühlt. Vielleicht weil er auch ein Lehrer und Heiler war und in sich selbst die Essenz der Göttlichen Wahrheit verstanden hatte.

Doch eines Tages trennten sich unsere Wege. Auf der äußeren Ebene brach unsere Freundschaft auseinander, aber auf der inneren Ebene wird unsere Liebe füreinander immer bestehen, genauso wie sie ganz am Anfang war. Die Trennung hatte zu tun mit einer anscheinend unlösbaren Differenz zwischen uns. Er folgte einem bestimmten Weg mit festgelegten Regeln. Ich respektierte seine grundlegenden Glaubenssätze, aber sein Weg entsprach nicht notwendigerweise *meinem* Weg. Im Wesentlichen existiert nur *ein* wahrer Weg, der Form nach aber gibt es viele.

Ich glaube, dass die Würde des Menschen in seiner wahren Freiheit liegt, der Freiheit, sich selbst gegenüber wahrhaftig zu sein, nicht unbedingt innerhalb einer vorgegebenen Form. Für mich ist die vollkommene und richtige Form die, welche im Augenblick vonnöten ist, was immer in Liebe gebraucht wird und was immer helfen kann, die Bestimmung des Menschen zu erfüllen. Diese kann immer nur im jeweiligen Augenblick der Zeit gekannt werden – in diesem einen Augenblick gerade jetzt, welches der einzige Augenblick ist, der existiert.

So weiß ich, dass es im Wesentlichen nie eine Trennung geben wird zwischen dem Scheich und mir. Ich werde diesen Mann immer lieben, wie ich den Boden liebe, auf dem ich stehe.

Parachute Pam

NICHTS IM LEBEN IST WIRKLICH LOGISCH ODER VOLLSTÄNDIG folgerichtig, wie wir es gerne hätten. Überraschungen leben im Schmerz und in der Freude. Ich hatte immer den Eindruck, dass es fast unmöglich ist, das Leben ohne Humor zu bestehen. Und hängen Humor und Timing nicht zusammen?

Lachen ist ein großartiger Heiler. Im Einatmen gibt es wenig oder fast kein Lachen. Wir nehmen unsere Eindrücke beim Einatmen auf und lachen dann beim Ausatmen. Wir können lachen, bis uns die Tränen über die Wangen fließen und unser Kiefer schmerzt. Und warum sollte Humor von unserer spirituellen Reise getrennt sein?

Jedes Jahr an meinem Geburtstag pflegte ich ein neues Spiel in meinem eigenen Theater des Lebens zu erfinden. Ich lud viele Freunde ein und auch mir vollkommen Fremde. Man kann sagen, dass wir das spielten, was aus dem gegenwärtigen Augenblick der Zeit herausströmte. Ich stellte bloß eine Art Bühne zur Verfügung. Die Atmosphäre war immer gut, immer schwebten Überraschungen in der Luft, und da war das Gefühl, dass es jedermanns Geburtstag war. Wo immer ich mich befand, versuchte ich, diesen Tag, den Tag meiner Geburt, zu einer Feier zu machen. Schließlich haben wir nur einen wirklichen Geburtstag, den Tag, an dem wir in diese Welt kommen.

Vor vielen Jahren lebte ich im Südwesten Englands in einer umgebauten Mühle. Ich hatte mich entschieden, die übliche verrückte und hoffentlich komische Geburtstagsparty zu geben. Ich entwarf eine spirituelle Schnitzeljagd und hängte Hinweise auf, in welche Richtung die Leute mit ihren Autos durch die engen englischen Landstraßen fahren sollten. Viele der Gäste hatten mit mir auf dem, was wir manchmal den »Pfad der Transformation« nennen, gearbeitet. Deshalb waren also Überraschungen nichts Neues für sie.

Achtzehn Hinweise waren auf Papier geschrieben und an unwahrscheinlichen Orten versteckt worden, wo die Gäste sie finden sollten. Jeder enthielt eine Art Zeichen, das die Reise des Lebens betraf, aber alles mit einem großartigen Sinn für Humor. Es gab sogar ein Dorf in der Gegend, Turkdean genannt, was mir natürlich ein wunderbares Stichwort bot für den nächsten Halt, den sie machen sollten. Nein, sie sollten natürlich nicht wirklich in die Türkei fahren, aber der nächste Hinweis war in einer Telefonzelle im Herzen der englischen Landschaft auf kleine Papierfetzen geschrieben.

Die Botschaft lautete: »Der Scheich liebt Forelle«, und dann, da alle eine sehr detaillierte Karte der Gegend erhalten hatten, konnten die auf den Augenblick Eingestimmten in einigen Meilen Entfernung eine Forellenzucht finden. Und als sie dann schließlich zurückkehrten, brachten sie alle frische Forellen mit. Ich wartete schon mit meiner weißen Schürze und dem Hut eines Kochs, bereit zu kochen, was sie von ihrer Reise mitbrachten.

Das Frühlingswetter war herrlich. Der Garten war voll singender Vögel, der Fluss plätscherte und die Party dauerte lange. Viele Musiker kamen, und sie spielten sich die Seele aus dem Leib. Dann kam die Zeit, da die Zusammenkunft einfach enden musste, und einer nach dem anderen der Gäste begann, sich zu verabschieden und nach Hause zurückzukehren.

Die Sonne sank, und Schatten wanderten über den Rasen und die Gärten. Die ganze Partymeute war gegangen, aber am Fluss stand immer noch ein Wagen geparkt. Wessen Auto war das? Wo konnten die Insassen wohl hingegangen sein?

Vom Fluss aus, unmittelbar vor mir, verlief ein Pfad in die Hügel. Ich fragte mich besorgt, wessen Wagen das wohl sei, also forschte ich nach. Ich entdeckte, dass das Auto einer Frau namens Pam gehörte, der ich einen neuen Namen, Parachute Pam, gegeben hatte. Bevor ich ihr begegnet war, sprang sie nämlich mit dem Fallschirm aus Flugzeugen ab, um Spenden für die Armen der Welt aufzutreiben. (Ich springe nicht aus Flugzeugen, aber ich mache das Gleiche auf andere Art.) Einmal sprang sie aus einem Flugzeug, und ihr Fallschirm öffnete sich nicht. Sie brach sich beide Beine ganz schrecklich. Es war ein Wunder, dass sie überhaupt überlebt hatte und so zu meiner Party hatte kommen können.

Als ich in das Auto schaute, stellte ich fest, dass es für eine behinderte Person umgebaut war. »Ach herjeh«, sagte ich zu mir selbst, und erinnerte mich daran, dass ich Parachute Pam früher am Tag getroffen hatte. Ich machte mir ein wenig Sorgen, weil sich auf der anderen Seite des Flusses ein kleiner See befand, der zu einem Sumpf geworden war. Es war so gefährlich, diesen Sumpf zu betreten, dass er vollständig mit Stacheldraht umzäunt war und niemand von den Anwohnern sich je in seine Nähe wagte. Es wurden viele Geschichten erzählt von Leuten, die auf geheimnisvolle Weise verschwunden waren. War sie vielleicht in den Sumpf gefallen?

Es begann, dunkel zu werden. Was sollte ich tun? Nun, in England heißt die Antwort: »Rufe die Polizei!« Ich wartete eine weitere Stunde und rief dann die Polizei an. Ich berichtete: »Ich hatte eben eine große Party, und einer meiner Gäste fehlt. Die Dame hat ihr Auto zurückgelassen, und sie ist behindert.«

Kurz danach kamen drei Polizisten an, und ich erklärte ihnen die Situation. Einer der Polizisten war sehr aufgebracht, weil er lieber zu Hause bei seiner Frau gewesen wäre. Sie suchten bis um zwei Uhr in der Früh nach Parachute Pam. Zum Schluss sagten sie: »Wir geben auf. Wir werden in der Morgendämmerung wiederkommen.«

Nun war meine Frau wütend auf mich. Es war zwei Uhr dreißig in der Früh und wir lagen noch immer nicht im Bett. Obwohl ich diesen bestimmten Gast nicht wirklich kannte, tat ich alles, was mir möglich war, um sicherzugehen, dass sie gesund und wohlauf war. Ist das nicht Mitgefühl? Sollten wir nicht immer versuchen, uns daran zu erinnern?

Plötzlich kam auf der Straße etwas Lärmendes immer näher. Es war eine Flotte gepanzerter Fahrzeuge. Eine ganze Armee schien anzukommen. Ich schluckte mehrmals, als ich sah, wie zwanzig oder dreißig bewaffnete Männer aus jedem Lastwagen ausstiegen. Zu meiner Überraschung waren sie mit Zweigen und Blättern getarnt und sahen aus wie wandelnde Bäume. Man sagte mir, dass sie zur Durchsuchung der Flussufer und des umgebenden Landes aufbrechen würden.

Sie stöberten etwa weitere drei Stunden herum. Dann kam die Polizei, blau gekleidet und mit allerlei Medaillen. Ich wusste nicht, was ich mit all diesen herumlaufenden Leuten tun sollte. Da ich praktisch veranlagt bin, machte ich Sandwiches und reichte allen eine Tasse Tee. Engländern sollte man in Notfällen immer eine Tasse Tee anbieten. Die Soldaten marschierten drei Meilen den Fluss hinunter, sie marschierten drei Meilen den Fluss hinauf, und sie marschierten auch mitten im Fluss. Dann kamen die Soldaten zurück, stiegen wieder in ihre Lastwagen und fuhren weg.

Ich hatte einen Nachbarn, der John hieß. Er war ein sehr feinfühliger Mann, der die Fähigkeit besaß, sich ganz auf den Augenblick einzustimmen, und mit Hilfe seiner feingestimmten inneren Sinne konnte er alles finden, was er wollte. In England heißen solche Leute *dowsers,* »Rutengänger«. Er war zum Haus hochgekommen, um nachzuschauen, was bei uns los war. Natürlich war der Anblick von einem Haufen Männer, die in der wilden Landschaft alle in Tarnkleidung im ersten Tageslicht den Fluss hinauf- und hinuntermarschierten, unmittelbar gefolgt von einer kleinen Polizeiarmee, unwiderstehlich. Ich stellte mir vor, dass die Leute in weitem Umkreis schon aufgestanden und unterwegs waren, um herauszufinden, was denn los sei. Schließlich geschieht in einem so kleinen Dorf nicht viel.

»Was in aller Welt ist los?«, fragte John.

Ich bemühte mich, es so gut wie möglich zu erklären. Ich berichtete ihm, dass zuerst die Polizei gekommen sei, bis früh am Morgen geblieben war, dann aufgegeben und gesagt hatte, sie müssten eine Spezialeinheit der Armee kommen lassen. Die Männer, die wie Bäume angezogen waren, suchten also nach einer verschwundenen Person.

»John«, sagte ich, »kannst du bitte mit deinen psychischen Fähigkeiten diese Frau finden, tot oder lebendig?« Mittlerweile machte ich mir wirklich Sorgen.

Die Sondereinheit der Armee war in der Zwischenzeit die dreieinhalb Meilen den Fluss hinunter zum nächsten Dorf marschiert. Vielleicht war Pam ertrunken und war weggeschwemmt worden. Der Pub machte extra früher auf, damit alle kommen und zuschauen konnten. Die Busse, die hier nur zweimal am Tag durchkamen, hielten den gesamten Verkehr auf. Alle beobachteten fasziniert die Suchaktion.

Zurück im großen Haus wartete und wartete ich. Der Polizeichef war wütend. Ich bot ihm und seinem Team noch mehr Tee an. Er war gar nicht gut drauf. Genau in diesem Augenblick kam John in seinem kleinen hustenden und stotternden französischen Auto zurück.

»Ich habe sie gefunden«, sagte er triumphierend. *»Sie?«,* erwiderte ich. »Wer sind *sie?*«

John erzählte mir die Geschichte. Er hatte sich ganz still hingesetzt – in all dieser Aufregung konnte das nicht einfach gewesen sein – und darum gebeten, dorthin geführt zu werden, wo diese Frau sein könnte, wenn sie tatsächlich noch am Leben war. Er fuhr mit seinem Auto etwa vier Meilen in die Richtung, die er intuitiv gespürt hatte.

Er fand sie. Offensichtlich war Pam einem wilden Iren begegnet, der auf dem Fahrrad rund um die Welt fuhr. Er hatte eben eines meiner Bücher gelesen und hatte den Weg zu meiner Tür fast durch Zufall gefunden. Die beiden fühlten sich zueinander hingezogen und hatten sich davongestohlen. Als John sie fand, hatten sie es sich in einem Schlafsack unter den Mauern eines Schlosses aus dem vierzehnten Jahrhundert gemütlich gemacht. Sie hatten eine Thermosflasche mit Tee bei sich. Während also eine ganze Brigade von Polizisten und eine halbe Armee nach ihnen suchten, hatten sie in ihrem Liebesglück nichts von dem gemerkt, was um sie herum vor sich ging.

Ich bat John, nochmals zu Parachute Pam und dem irischen Weltumradler zurückzukehren und sie aufzufordern herzukommen. »Und zwar sofort«, sagte ich vehement. Kurze Zeit später kamen die drei, ein seltsam anzuschauendes Grüppchen, zum Haus zurück. Die Armee war inzwischen abgezogen, aber die Polizei war noch immer da, und der Polizeichef war endgültig außer sich. Ihm standen die Haare zu Berge unter seinem Hut, der sich fast wahrnehmbar bewegte.

»Genug ist genug«, sagte er. Ich erinnere mich, dass seine Stimme eher ruhig war. Der Colonel atmete schwer, ich musste mich bemühen, nicht über die ganze Situation zu lachen, und der Rest der Polizei wollte zu einem verspäteten Frühstück heimkehren. »Nun, ihr beiden«, sagte er an das Paar gerichtet, »unterzeichnen Sie bitte diesen Bericht. Und denken Sie daran«, er erhob sich zu seiner vollen Größe, »Sie sind nicht die einzigen Leute auf der Welt.«

Kein weiteres Wort fiel. Parachute Pam und der irische Radfahrer unterzeichneten den Bericht, und ganz still gingen wir alle unserer Wege.

Der Labrador

IN MEINEN JUNGEN JAHREN WURDE ICH EINMAL ZU EINER großen Party in England eingeladen. Das Haus war so groß, dass im Ballsaal vierhundert Menschen Platz fanden. Die Dame, der das alles gehörte, war sehr wohlhabend. Der Champagner floss reichlich, die Butler rannten im Kreis herum, und die Gäste tanzten bis spät in die Nacht. Ich meinerseits langweilte mich ziemlich.

Es kam der Punkt, da ließ ich all den Lärm hinter mir, stieg die Treppe in die obere Etage hinauf und suchte nach einem geeigneten Zimmer, in der Hoffnung, etwas Schlaf zu finden. Ich legte mich auf das Bett und schlief schnell ein. Plötzlich wurde ich von lautem Klopfen an der Tür geweckt. Die Tür war nicht abgeschlossen, also rief ich, wer immer es sei, solle eintreten. Es war die Besitzerin des Hauses. Sie war sehr aufgeregt. Ihr Hund war eben auf der privaten Zufahrtsstraße überfahren worden. Sein Rücken war gebrochen, und er blutete stark. Sie hatte gehört, dass ich gewisse Heilfähigkeiten besäße, und bat mich zu kommen. Also zog ich mich schnell an und rannte die Treppe hinunter.

Ein Wagen und ein Chauffeur warteten draußen, und ich wurde schnell zu der Stelle gefahren, wo der Hund lag. Es war ein schwarzer Labrador, der am Rand der langen Zufahrtsstraße lag, er blutete schrecklich und hatte heftige Schmerzen. Ich war sehr müde, aber ich wollte in jeder mir möglichen Weise helfen. Die Besitzerin weinte. Der Hund war für die Besitzer sehr kostbar, und sie liebten ihn wie ein Kind. Es war ein schöner Hund.

Viele Leuten schauten zu, wussten aber nicht, was sie tun sollten. Jemand sagte, vielleicht sei eine Ambulanz unterwegs. Andere redeten davon, ihn schnell zum Tierarzt zu bringen. Aber niemand handelte wirklich. Sie schauten einfach zu. Mir schien die Antwort damals offensichtlich: Lege eine Hand auf das eine Ende des Hundes und lege die andere Hand auf das andere Ende und bete. Und das habe ich getan. Ich atmete in Liebe ein, und ich atmete in Liebe aus. Dieses absolute Fließen von Liebe strömte durch den Hund. Dann geschah etwas ganz Erstaunliches. Ich spürte, wie der Rücken des Hundes sich wieder streckte. In diesen Augenblicken der Liebe schaute ich zu, wie der gebrochene Rücken des Hundes sich zu verschieben begann und sich alles wieder an den richtigen Platz fügte. Ich hatte in meinem ganzen Leben noch nie so etwas gesehen. Der Rücken kam buchstäblich zu sich selbst zurück. Ich bemerkte auch, dass das Bluten aufgehört hatte. All das geschah innerhalb von Minuten.

Dann ermutigte ich den Hund, sich zu bewegen. Ich war auf meinen Knien und sagte: »Komm, mein Junge. Du kannst es. Du kannst aufstehen. Du kannst dich bewegen.«

Langsam begann der Labrador, sich wieder zu bewegen. Er bewegte sich ein wenig, dann ein bisschen mehr, dann noch etwas mehr, bis er schließlich wieder auf den Beinen stand. Die Leute begannen ihn anzufeuern, klatschten und schrien: »Du kannst es, Junge! Du schaffst es!« Er schaute sich um. Er wusste, dass er geliebt wurde. Ich hatte mich nun etwas weiter entfernt, um ihm Raum zu geben, damit er gehen konnte. Er schaute mich an und kam zu mir herüber. Ich umarmte ihn fest, machte mir keine Sorgen über das Blut an meinen Kleidern. Dann stürmten die Besitzer herbei, um ihren kostbaren schwarzen Labrador zu umarmen und zu küssen.

Ich bin sicher, dass viele Gäste in dieser Nacht noch viel länger wachblieben. Ich aber ging in mein Zimmer, um etwas zu schlafen. Ich zog mich aus und wusch mir das Blut von den Händen. Dann schlief ich schnell ein und fühlte mich in absoluter Bescheidenheit sehr dankbar dafür, dass es mir gestattet gewesen war, auf dem Weg der Wahrheit zu helfen. Der Rücken des Hundes wurde nie mehr völlig gerade, sein Gang war also immer ein wenig krumm, aber er erreichte ein Alter von dreizehn Jahren.

Heilung kann auf vielen Ebenen geschehen. Da gibt es den physischen Körper, den Energiekörper, den emotionalen Körper. Es gibt mentale Heilung. Und es gibt die Heilung unserer Verbindung zum Ursprung. Es gibt auch unterschiedliche Methoden des Heilens…

Einige Zeit später begegnete ich einem Mann namens Max Busby. Er lebte in England. Als wir uns trafen, spürte ich in ihm eine intensive Präsenz von Aufrichtigkeit. Er war Naturheiler, und einmal im Jahr fuhr er ans Meer, um einige Kieselsteine zu sammeln. Später wurden sie als die »Busby Kiesel« bekannt. Leute aus allen Schichten der Gesellschaft kamen zu ihm. Gewöhnlich kamen sie mit dem einen oder anderen Leiden an. Er gab den Leuten nur einen Kieselstein, der auf unbekannte Art und Weise die durch seine Hände fließende Heilkraft aufgenommen hatte. Er wies sie an, den Kieselstein in der Tasche zu tragen. Nur ein Kieselstein war schon genug…

Ich bin ein Liebender

Ich bin ein sehr gefährlicher Mann.
Ich bin ein Liebender.
Ein Liebender ist jemand,
der seine eigene Liebenswürdigkeit aufgeben wird,
um ein anderes Wesen zu lieben.

Der Flötenmacher

Ich bin die Flöte, doch die Musik ist Dein.
MEVLANA JALALUDDIN RUMI

DIES IST DIE GESCHICHTE EINES FLÖTENMACHERS. GEWISSE Erlebnisse tauchen in unserem Leben auf, um uns als Hinweise auf dem Weg zu dienen. »Schaut auf die Sterne«, sagt man uns. »Achtet auf die Zeichen!« Das hier ist eine Geschichte, die sich um das Bitten um Erlaubnis und um das Leben in der Frage dreht. Wie alle wahren Geschichten kann man sie auf vielen Ebenen verstehen.

Unmittelbar außerhalb von Taos in New Mexico befindet sich eine sehr alte Siedlung, Taos Pueblo genannt. Es ist ein magischer Ort, unverdorben von der modernen Welt. Es gibt keine Elektrizität, kein Telefon, kein Fernsehen. Menschen leben dort, so wie seit über tausend Jahren.

Vor vielen Jahren hatte ich das Privileg, einem alten Mann namens Teles Good Morning zu begegnen. Er war einer der Ältesten, die dort lebten. Als ich nach Santa Fe umzog, machte ich mich auf, ihn wieder zu besuchen. Er gab mir seinen Segen mit einer Adlerfeder und betete in seiner eigenen Sprache. Es war sehr ergreifend. Als ich wegging, hörte ich den Klang einer Indianerflöte. Niemand war in der Gegend, der tatsächlich Flöte gespielt hätte. Ich hatte einfach den Klang des Windes gehört. Dann, plötzlich, erinnerte ich mich an das erste Mal, als ich diesen Klang gehört hatte. Der Klang war sehr ungewöhnlich und fast beklemmend. Ich erinnerte mich, dass ich mir selbst geschworen hatte, eines Tages eine solche Flöte zu finden und sie spielen zu lernen. In Japan hatte ich die Shakuhachi gehört und in Konya, in der Türkei, die Ney, aber aus irgendeinem Grund erzeugte die indianische Flöte in meinem Herzen mehr als alle anderen eine Resonanz.

Sobald wir uns in unserem Haus in den Hügeln über Santa Fe niedergelassen hatten, begann ich, nach der richtigen Flöte zu suchen, oder besser: nach dem richtigen Flötenmacher. Es gibt eine berühmte Sufi-Geschichte über einen Glasbläser, der einen gläsernen Weinbecher formt. Am Ende der Geschichte sagt Mevlana, wir sollten uns nicht um den Becher oder gar den Wein kümmern, sondern selbst in den Atem des Glasbläsers eintauchen.

In Santa Fe fand ein riesiger Indianermarkt statt. Das ist ein sehr populäres, alljährliches Ereignis, das etwa eine Woche dauert. Von überall her aus den Staaten und Kanada kommen die Indianer, um sich zu treffen, um ihre Zusammenkünfte und Powwows abzuhalten und ihre unglaublich schönen Töpferwaren, Malereien, Bildhauerarbeiten und ihren Schmuck auszustellen und zu verkaufen. Man sagte uns, dass über sechzigtausend Besucher für diese eine Woche kämen. Ich war sicher, dass ich meine Indianerflöte auf diesem Markt finden würde. Aber weil der Markt so groß war, würde es so etwas wie das Suchen nach der Nadel im Heuhaufen werden.

Trotzdem machte ich mich auf die Suche, klapperte all die verschiedenen Marktstände und Buden ab und versuchte, mich von der Schönheit um mich herum nicht zu sehr blenden zu lassen. Ich versuchte auch, mich nicht gefangennehmen zu lassen von den Menschenmengen, die sich wie eine Flutwelle über die Plaza der Stadt zu ergießen schienen. Ich sah Schmuck aus Silber und Türkis, der in der Sonne glänzte. Ich sah Gemälde, die ich mir gern an jede Wand meines Hauses gehängt hätte. Ich sah Navajo-Teppiche, die jedem Boden Anmut verliehen hätten. Da waren Holzschnitzereien und Steinskulpturen, traditionelle religiöse Schnitzereien und Gürtel mit Perlenstickereien. Und mit all den Indianern in ihren traditionellen Kostümen, die tanzten und die Trommel schlugen, war das ganze Bild erfüllt von Farbe, Musik und freudigen Begrüßungen. Aus welchen Gründen auch immer, ich konnte keine einzige Indianerflöte finden. Trommeln ja, aber keine Flöten. Nicht eine einzige Person verkaufte traditionelle Indianerflöten. Es schien fast unglaublich. Ich schaute und schaute. Es musste eine Flöte geben.

Dann, an einem der Tage, als ich mich gerade von der Mitte der Plaza entfernte, fiel mein Blick auf einen Mann, der eine Flöte in den ausgestreckten Händen hielt. Er übergab sie dem Besitzer einer der Stände, die indianischen Schmuck verkauften. Einen Augenblick lang war ich wie gebannt, als ich sah, wie diese Flöte den Besitzer wechselte. Dann kam der Mann, der die Flöte gegeben hatte, auf mich zu. Ich hielt ihn an und fragte ihn, ob er ein echter Flötenmacher sei. Er nickte, erzählte mir aber dann, dass er eben die letzte Flöte verkauft hätte. Weiter teilte er mir mit, dass er jenem Mann jedes Jahr auf dem Indianermarkt eine Flöte verkaufe.

Meine nächste Frage wäre jene gewesen, die ich ihm nicht stellen konnte. Ich wollte wissen, ob er wirklich der Flötenmacher war, nach dem ich suchte. Wusste er um den Atem? Vielleicht war er einfach ein gewöhnlicher Flötenmacher. Wie sollte ich das herausfinden? Wir sprachen lange Zeit miteinander. Sein indianischer Name war George Deer Tracks. Schließlich vereinbarten wir, dass er eine Flöte für mich machen würde. Er lebte mindestens sechs Autostunden entfernt. So war er einverstanden, sie mitzubringen, wenn er das nächste Mal nach Santa Fe käme. Zwei Wochen später traf ich ihn frühmorgens auf der Plaza. Ich erinnere mich, dass niemand sonst dort war. Ein Trupp der Stadtreinigung war da gewesen, und die weißen Bänke waren alle noch nass vom Waschen. Ich kaufte die Flöte.

Doch ich hatte keine Ahnung, wie sie zu spielen war. Ich wusste nur, dass es eine Flöte des Lakota-Sioux-Stammes war, und er hatte mir einen Zettel gegeben mit einigen Anweisungen, wie man sie stimmt. Am nächsten Morgen begann ich zögernd, ein paar Töne darauf zu blasen. Sie hatte einen sehr schönen Klang, sie sah sehr schön aus und war mit großer Sorgfalt gefertigt. Aber, es war nicht *die* Flöte. Ich weiß nicht, warum ich das wusste, aber ich wusste es. Dennoch übte ich mich in den nächsten Monaten in der Kunst des Flötenspiels. Vielleicht musste ich erst lernen, eine Indianerflöte zu spielen, bevor ich verstand, wie ich am Klang des hindurchwehenden Windes den Atem seines Herstellers erkennen konnte.

Wir können uns in den entfernten Horizonten der Vergangenheit an einen Aspekt unserer eigenen Bestimmung erinnern. Vielleicht greifen wir dann danach. Vielleicht fürchten wir uns ein wenig und halten uns zurück, wollen keinen Schritt in die falsche Richtung tun. Vielleicht kennen wir den Unterschied zwischen Schicksal und Bestimmung noch nicht. Aber in unserer Seele existiert die Erinnerung an unseren Ursprung genau wie die Erinnerung an die Flötenmusik, die seit jenen Tagen in Taos in meinem Herzen geruht hatte.

Ich übte weiter, spielte die Flöte jeden Morgen nach meinen Gebeten. Manchmal spielte ich bei offenem Fenster, rief mit meiner Musik den Vögeln und kleinen Wüstentieren zu. Ich spürte, dass sie mich auf eine magische Weise hören konnten. Aber wo, wo war meine wahre Flöte, die ganz sicher auf mich wartete? Wo würde ich sie finden? Wie würde ich erneut zu suchen beginnen? Ich gab die Suche nicht auf. »Fördernd ist Beharrlichkeit«, heißt es im *I Ging*.

Immer, wenn ich in die Stadt fuhr, suchte ich jedes Geschäft auf, das möglicherweise Indianerflöten verkaufte oder das mich vielleicht zum nächsten Hinweis auf dieser erstaunlichen Suche durch das Labyrinth führen würde. Ich traf Indianer verschiedener Stämme, und Menschen aus Heilkreisen luden mich zu ihren Zeremonien ein. Ich begegnete vielen anderen, lehnte aber höflich ihre Einladungen ab. Ich war nur nach einem auf der Suche – *dem* Flötenmacher.

Eines Tages kam ich dann zum Geschäft eines Pfandleihers. Ich trat ein und gab vor, an einigen der zum Kauf angebotenen Dinge interessiert zu sein. Einer der Männer im Laden war sehr gut angezogen, ein Hispano-Amerikaner glaube ich, mit einem gewachsten Schnurrbart und einem von silbernem Indianerschmuck glitzernden Gürtel. Er trug die üblichen verzierten, spitzen Stiefel. Er sah nicht überrascht aus, als ich ihm die Sufi-Geschichte vom Glasbläser erzählte. Auch sah er nicht überrascht aus, als ich ihn fragte, ob er zufälligerweise einen Flötenmacher kenne, der um den Atem wisse. Er griff zum Telefon, wählte eine Nummer und sprach Spanisch mit jemandem am anderen Ende der Leitung.

»Hier«, sagte er und schrieb eine Adresse auf einen Zettel. »Versuchen Sie es dort.« Damit war unser Gespräch beendet.

Ich ging zu dieser Adresse und fand dort einen Laden mit Artikeln für Innenarchitektur vor. Wieder erzählte ich dem Besitzer meine Geschichte. Er hörte zu, schaute aber nicht von seinem Schreibtisch auf.

»Ich kenne den Mann, den Sie suchen«, sagte er. »Er ist ein Winnebago-Indianer aus dem Norden Wisconsins. Er wohnt jetzt in der Nähe von Albuquerque. Tatsächlich kommt er in einigen Tagen hierher. Es soll eine besondere Zeremonie stattfinden, und er soll den Segen im Saal der Indianer sprechen.«

Mein Herz begann zu klopfen. »Kann ich ihn treffen?«, fragte ich. »Ich meine, was denken Sie, würde er für mich eine Flöte machen?«

Der Mann ging zu einem Tisch hinüber und griff nach zwei Flöten, die ich nicht gesehen hatte, als ich mich in dem Laden umgeschaut hatte. »Die hat er gemacht«, sagte er und streckte mir die

Meine Flöte (Zeichnung: Eleonore Schmid)

Flöten entgegen, damit ich sie in die Hand nähme. Ich schaute sie an. Sie waren schön, aber ich wusste, dass keine von ihnen für mich war. Bei dieser ganzen Suche ging es noch um mehr. Ich wusste, ich musste dem Flötenmacher begegnen.

Ich tat alles, um an dieser besonderen Zeremonie teilnehmen zu können, aber es sollte nicht sein. Aus gewissen Gründen wurde es mir nicht gestattet. Vielleicht war sie nur für Indianer gedacht, welche die zeremoniellen Rituale und die Bedeutung der dabei verwendeten heiligen Gegenstände wirklich verstehen konnten. Viele Nichtindianer versuchen, Indianer zu werden, aber sie können nicht sein, was sie nicht sind.

Dennoch hoffte ich, den Flötenmacher vielleicht in dem Geschäft finden zu können, wo der Besitzer mir die Flöten gezeigt hatte. Er erwähnte, dass der Flötenmacher vielleicht zu einer bestimmten, nur ungefähr abgesprochenen Zeit da sein werde, vielleicht aber auch nicht. »Indianerzeit, wissen Sie«, sagte der Besitzer. Ich kam genau zu der mir angegebenen Zeit an, aber vom Flötenmacher war nichts zu sehen.

Ich sagte dem Besitzer: »Ich werde in einer Stunde zurück sein.« Dann visualisierte ich das Treffen und sprach ein Gebet. In genau einer Stunde kam ich zurück in das Geschäft. Auf einem Hocker saß ein Mann mit tiefschwarzen Haaren, die unter seinem Hut hervorquollen. Er war vielleicht fünfzig Jahre alt, aber das war schwierig einzuschätzen. Auf einem Stuhl neben ihm saß seine Frau. Wir schauten einander forschend an.

»Ho«, sagte er. Er musste gewusst haben, dass ich auf der Suche nach ihm war.

Wir gaben uns die Hand und stellten uns einander vor. Er sagte mir, sein Name für die Öffentlichkeit sei Roger, und ich sei noch nicht bereit, seinen wahren indianischen Namen zu hören. Ich erzählte ihm die Geschichte vom Glasbläser. Ich erzählte ihm einige Geschichten über das Heilen und über mein Leben, ein Wort gab das andere.

»Setzen Sie sich«, sagte er. »Sie machen mich nervös!«

Ich glaube, von diesem Augenblick an war unsere Freundschaft besiegelt.

Er fuhr fort: »Vielleicht mache ich für Sie eine Flöte. Es könnte sein. Aber ich bin nicht sicher. Ich kenne Sie noch nicht gut genug. Aber wozu wollen Sie sie überhaupt?« Er wollte die Qualität meiner Absicht kennenlernen.

Mit Falke (im Johanneshof, Kastanienbaum)

Wir sprachen eine gute Stunde lang. Er stellte mir viele Fragen, und ich beantwortete sie aufrichtig aus meinem Herzen. Das Gespräch nahm eine überraschende Wendung. Eigentlich hatte ich nämlich beabsichtigt, *ihn* zu prüfen, den Klang seiner Stimme zu hören, um zu entdecken, ob er um den Atem wusste. Doch tatsächlich prüfte dieser Mann *mich*. Vielleicht hörte er auf den Klang meiner Stimme und woher sie kam, um zu entdecken, ob *ich* etwas über den Atem wusste.

»In unserer Tradition«, sagte er, und seine tiefbraunen Augen schauten direkt durch mich hindurch, »muss man vollkommen ehrlich sein. Ich muss Sie kennen. Dann werde ich eine Flöte für Sie herstellen.«

Er lud mich in sein Haus in der Nähe von Albuquerque ein. Zwei Wochen später fuhren meine Frau und ich dorthin. Als ich in seinem kleinen Wohnzimmer saß, fragte er mich: »Was ist Ihr Tier?«

Das war eine unerwartete Frage, die mich sehr überraschte. Ich warf meiner Frau einen Blick zu, sie sah so verblüfft aus wie ich.

»Mein Tier?«, rätselte ich.

Roger sagte: »Ja. Was ist Ihr Krafttier?«

Ich erinnerte mich, dass Krafttiere in der indianischen Tradition und auf dem Weg der Schamanen von großer Bedeutung sind. Sie sind Wächter und Führer aus einer anderen Welt. Jede Tiergattung verleiht einem bestimmte einzigartige Qualitäten und Fähigkeiten. Einigen Traditionen nach sollten Menschen auf dem Weg mindestens ein Hauptkrafttier haben oder einen Tierführer, der ihnen auf der Reise jederzeit beisteht.

»Nun, um ehrlich zu sein«, erwiderte ich, »darüber habe ich noch nie nachgedacht. Ich weiß es nicht. Wir kennen diese Tradition nicht. Aber bitte, wenn Sie das wünschen, gebe ich Ihnen die Erlaubnis, mein Tier zu sehen, wenn Ihnen das hilft, meine Flöte herzustellen…« Er lächelte. Dann verabschiedeten wir uns und versprachen, in einer Woche zurückzukehren. Bis dahin würde die Flöte bereit sein, sagte er. Auf der langen Heimfahrt konnte ich spüren, wie mein Herz heftig in meiner Brust klopfte, was für mich immer ein Zeichen ist, dass ganz sicher Bestimmung am Werk ist.

Eine Woche später fuhr ich zurück, um endlich meine Flöte in Empfang zu nehmen. Mit beiden Händen überreichte mir Roger die hölzerne Indianerflöte, und ich meinerseits nahm sie mit offenen Händen an. Ich gab Roger gegenüber meiner tiefen Dankbarkeit und Wertschätzung für seine Arbeit Ausdruck. Ich strich mit der Hand über die glatte Oberfläche des Holzes, und ich konnte das Geschick und die Liebe des Handwerkers, des Flötenmachers, spüren.

Die Flöte fühlte sich richtig an. Ich nahm sie an den Mund und blies einen so frischen Ton, so zart, so friedlich. Es war der Klang der Liebe. Der eine Ton schien durch die Mauern getragen zu werden, rund um die Welt zu wandern und dann als Echo im Raum wieder zu erklingen. Der Nachklang hing, nachdem ich voll ausgeatmet hatte, hoch in der Luft. Ich wusste, *das* war meine Flöte. Und vom Klang meines hindurchströmenden Atems wusste ich ganz sicher, dass der Flötenmacher den Atem kannte. Noch einmal drückte ich meine Dankbarkeit aus. Dann fragte ich nach meinem Krafttier.

»Es ist ein Vogel. Es ist der Falke«, sagte er, und seine großen braunen Augen lächelten sehr warm.

Einige Wochen später, eines Morgens, als die Sonne sich über die Berge erhob, traf ich mit meiner Flöte einen Ton, der aus einer anderen Welt zu kommen schien. Er erhob sich in große Höhen, dehnte sich aus und brachte eine Antwort auf das innere Gebet, das vom Klang der Flöte getragen worden war, durch mein Herz herunter. Plötzlich wurde ich einer starken Präsenz unmittelbar außerhalb des Fensters vor mir gewahr. Ich kniete damals auf meinem Gebetsteppich, und das Fenster war weit offen.

Plötzlich hörte ich von draußen einen hohen Schrei. Ich schaute hinaus in die Sonne. Dort, auf einem Ast unserer kleinen Tanne, saß ein Wanderfalke. Er saß einfach dort und beobachtete mich. Ein paar Minuten lang war nur Stille, als der Wanderfalke und ich gemeinsam atmeten. Dann flog er weiter, fort über das Tal. Ich sah ihn nie wieder.

Häufig geschieht es in der Stille nach dem Sturm, dass wir ein Zeichen erhalten, welches uns sagt, dass der Weg gefunden worden ist.

Der Bär und der Fluss

WIE KANN EINE GESCHICHTE OHNE EINE FRAGE BEGINNEN?

Vielleicht ist unser Leben nur eine Wiederholung von Gedächtnismustern, Gedankenformen und unnötigem Leiden. Dann könnte eine Person in Ihr Leben treten und eine Frage stellen, die einen derartigen Schock erzeugt, dass sich Ihr ganzes Lebensmuster verändert.

Ich kenne einen Mann, der aus einer Arbeiterfamilie in Irland stammt. Als er noch sehr jung war, verließ er sein Zuhause und reiste um die Welt, wie ich das auch getan habe. Einmal hielt er sich längere Zeit in Borneo auf. Er hat viele Sachen gemacht. Später in seinem Leben wurde er einer der Leiter eines in den Bergen von New Mexico ansässigen spirituellen Zentrums, das zu den fortschrittlicheren der Welt gehört. Während der Zeit, die er dort verbrachte, erkrankte seine Frau an Krebs. Ich hatte das Privileg, Teil des ihr helfenden Teams von Heilern zu sein, und heute hat sie keinen Krebs mehr – sie kümmert sich um *andere* Menschen, die an Krebs leiden.

Das erste Mal hörte mich dieser Mann in Kalifornien sprechen. Am Ende des Vortrages teilte ich dem Publikum mit, dass ich am nächsten Tag nach Vancouver abreisen würde, um dort ein Seminar abzuhalten. Etwas an meinem Vortrag hatte ihn bewegt. Deswegen fuhr er schließlich den ganzen Weg nach Kanada, um mich zu treffen. Er und seine Freunde wechselten sich am Steuer ab und kamen am nächsten Abend genau zur richtigen Zeit für meinen Vortrag an. Es ist für einen Iren sehr ungewöhnlich, eintausend Meilen zu fahren, um jemanden sprechen zu hören. Wir wurden sofort Freunde.

Die Jahre verstrichen, die Gezeiten des Lebens kamen und gingen. Dieser Freund eröffnete einen Buchladen in Santa Fe, New Mexico, der sehr beliebt und bekannt wurde. Als ich nach Santa Fe umzog, begegneten wir uns gelegentlich. Eines Tages rief er an, um eine Frage zu stellen.

»Reshad«, sagte er, »ich habe dich einmal über die innere Bedeutung der Jungfrau Maria sprechen hören – dass es nach der Zeit der Jungfrau Maria nicht mehr notwendig sei zu denken. Das hat etwas in mir verändert. Aber was bedeutet das eigentlich?«

Die Frage überraschte mich. Ich weiß zwar *tatsächlich* etwas über die Jungfrau Maria und ihre Beziehung zur vollkommenen Matrix des Lebens. Aber konnte ich wirklich die tiefere Natur dieser Frage beantworten, die aus seinem Herzen gekommen war und nicht bloß aus seinem Kopf? Ich bin kein Gelehrter in religiösen Dingen, und ich habe nicht viele Bücher darüber gelesen. Ich wurde nicht als Katholik erzogen, und ich bin kein Kirchgänger. Mein Wissen besteht nicht so sehr aus der äußeren Form der religiösen Ideen und Glaubenssätze, sondern vielmehr aus einem Verständnis der inneren und verborgenen Bedeutungen, einem Verständnis, das mir durch meine eigenen Erfahrungen, durch meine Meditationen und von den vielen Lehrern, die meinen Weg gesegnet haben, geschenkt wurde.

Die Jungfrau Maria wird häufig als die archetypische Frau und vollkommene Matrix des Lebens betrachtet, die das gesamte Göttliche Potenzial in sich trägt und der allumfassende Schoß aller Möglichkeiten ist. Ich fragte mich innerlich, ob ich meinem Freund wohl zu einem Verständnis dessen verhelfen könnte, was ich darüber wusste. Ich spürte, dass wir irgendwo draußen in der Natur einen gemeinsamen Spaziergang machen sollten. Ich kannte New Mexico noch nicht sehr gut, also bat ich ihn, eine schöne Strecke für eine solche Wanderung zu finden, nahe am Wasser, weil Wasser für mich das Symbol des Fließens und der weiblichen Natur ist. Denken Sie immer daran, dass unser Körper zu fünfundachtzig Prozent aus Wasser besteht. Mein Freund war einverstanden, eine Wanderroute zu finden.

Ein paar Tage später also holte er mich mit seinem Auto ab und fuhr mich zum Rio Grande. Wir hielten bei einer Brücke und gingen einige Meilen den Fluss entlang. Während des Gehens erinnerte ich mich an seine Frage, sprach aber nicht direkt darüber. Ich behielt einfach die Frage in meinem Herzen, wie er die gleiche Frage in seinem mitgetragen haben muss. Häufig, wenn wir eine Frage tief in unserem Herzen halten, mag die Antwort irgendwo und irgendwann erscheinen, wenn wir nur darauf vertrauen, dass uns alles Wissen gegeben wird, das wir brauchen.

Ich wusste immer noch nicht, wie ich seine Frage beantworten sollte oder wie sie beantwortet werden könnte, und blieb doch in einem Zustand, der es der Antwort erlaubte zu kommen – zu ihrer eigenen Zeit und auf ihre eigene Weise. So gingen wir einfach, erfreuten uns an der einzigartigen Schönheit um uns herum und sprachen als Freunde miteinander.

Nach einer langen Zeit des Gehens spürten wir, dass wir eine Pause brauchten. Da sah ich einen großen schönen Baum am Flussufer, der seinen Schatten auf eine Stelle warf, an der man bequem sitzen konnte. Also sagte ich mir: »Dort werde ich einen Vortrag über die innere Bedeutung der Jungfrau Maria halten.« Aber genau in diesem Augenblick entschied Hubert, in Aktion zu treten.

Und wer ist Hubert? Hubert ist der Spitzname für meinen Darm. Und Hubert hat überhaupt kein Interesse am spirituellen Weg, nicht das geringste. Hubert macht sich bemerkbar, wann immer und wo immer er will. Wenn Hubert seine Angelegenheit verrichten muss, bin ich verpflichtet zu folgen. Er setzt sich immer durch, eher früher als später. Nun, in diesem Augenblick grummelte Hubert wirklich und war sehr fordernd. Ich musste Folge leisten, und zwar schnell.

Ich sagte zu meinem Freund: »Geh und setz dich unter den Baum dort. Bereite das Aufnahmegerät vor, ich werde gleich zurück sein... Die Natur ruft!«

Schnell eilte ich in das kleine Waldstück mit Tannen und verkümmerten Bäumen direkt oberhalb von uns. Als ich tat, was ich tun musste, hatte ich die seltsame Empfindung einer Präsenz in unmittelbarer Nähe. Ich wusste nicht, was es war, weil überall Bäume standen. Doch plötzlich erkannte ich, was es war: Etwa ein Meter vor mir, zwischen diesen kleinen verkümmerten Tannen, konnte ich zwei Augen und eine Nase erkennen. Es war ein sehr großer Bär.

Was würden Sie tun? Ihre Hosen sind unten, und dann ist da ein Bär, der gefährlich werden könnte, direkt vor Ihnen. Beenden Sie, was Sie gerade tun, oder laufen Sie weg? Ich machte beides. Nachdem ich die Hosen hochgezogen hatte, floh ich rennend zu dem großen Baum. Mein Freund saß dort mit dem Aufnahmegerät und wartete auf meinen Vortrag über die Jungfrau Maria. Leicht keuchend sagte ich: »Dort ist ein Bär!«

Er sagte: »Nein, es gibt keine Bären hier.«

Ich sagte: »Sieh!« Und zeigte ihm die Bärenspuren nahe bei uns auf dem Sand am Fluss.

Ich sagte: »Hast du die nicht gesehen? Das sind die Spuren eines Bären.«

Ich war immer noch mit meinem Gürtel beschäftigt und hielt dann meinen Vortrag über die Jungfrau Maria. »Seit der *Zeit* der Jungfrau Maria ist es nicht mehr notwendig zu denken.« Das ist eine großartige Aussage. Wie können wir Jesus Christus akzeptieren, ohne die Jungfrau Maria zu akzeptieren? Wenn wir die Jungfrau Maria akzeptieren, müssen wir nicht mehr denken, weil der Geist Gottes in unserem Herzen Resonanz findet.

Braucht es einen Bären und Bauchschmerzen, damit wir zuhören?

Black Crow

ICH KANN MICH NICHT ERINNERN, WIE JUNG ICH WAR, ALS ich mich in die Indianer verliebte. Vielleicht war damals, als ich sehr klein war, jemand zu uns nach Hause gekommen und hatte von den Indianern erzählt. Vielleicht las mir jemand Geschichten vor. Was ich weiß, ist, dass etwas sehr Reales in meinem Gedächtnis blieb. Es ist nicht das romantisierende Bild von in kriegerischem Federschmuck gekleideten Indianern, die blutige Schlachten schlagen. Vielmehr ist es eine Erinnerung an die Heiligkeit allen Lebens und an Männer und Frauen, die zu einem gemeinsamen Zweck zusammenarbeiten. Es ist eine Erinnerung voller Würde und Mut, an Adler, die hoch oben auf die Sonne zufliegen, und an das Trommeln und Tanzen – das unaufhörliche Trommeln im Tanz des Lebens.

In Santa Fe, in New Mexico, gibt es eine schöne Kirche, ein *Sanctuario.* Es ist »Unserer lieben Frau von Guadeloupe« geweiht. Dort hielt ich meinen ersten größeren Vortrag in Santa Fe. Er trug den Titel »Der spirituelle Krieger«. Dies ist ein Titel von der Sorte, die die verschiedensten Möglichkeiten eröffnen kann. Ich mag mich selbst nicht damit begnügen, nur über ein Thema zu sprechen. Mir wird nachgesagt, dass ich »immer im Kreis herum« rede. Leute mögen mich dafür kritisieren, und sie mögen denken, ich hätte meinen Vortrag nicht gut vorbereitet, aber »im Kreis herumreden«, ohne die Stütze der logischen und folgerichtigen Zeit, ist nicht einfach. Ich nenne es die *scatter technique* (»Streutechnik«), wie das Streuen von Samen wilder Blumen auf offenem Land. Eine Geschichte hier und eine dort, mit ein paar Kommentaren darum herum gestreut. Was ich sage, mag ohne sichtbare Logik und geordnete Abfolge erscheinen, aber einige der besseren Zuhörer erkennen den Zusammenhang, oder sie erkennen in den Geschichten eine Widerspiegelung ihrer eigenen Erfahrung.

Allerdings ist es nicht meine Absicht, Leute zu verwirren. Es ist einfach so, dass die Wahrheit nicht immer in einer logischen Ordnung erzählt oder in ein organisiertes System übersetzt werden kann. Solche Versuche können tatsächlich später Probleme verursachen. Ein großer Sufi-Meister, Muhyiddin Ibn Arabi, sagte: »Die Göttliche Führung kann uns an den Punkt der Verwirrung führen.« Der Punkt der Verwirrung ist vielleicht die einzige Zeit, da wir eine wirkliche Frage stellen.

Am Abend dieses Vortrags war es eiskalt und stockfinster. Kein Mond schien, und Wolken verhüllten die Sterne. Ich ging zu Fuß zur Kirche, eingemummelt gegen den Wind, der von Norden her schneidend durch die Straßen wehte. Ich dachte über den kommenden Abend nach. Die paar Hundert Leute, die kamen, würden in letzter Minute ankommen. Sie würden ihre Sitze einnehmen, und einige würden mit Bedacht die Plätze in der Nähe der Tür wählen. Sollten sie nicht mögen, was ich vortrug, könnten sie sich unauffällig hinausschleichen. Wenn sie andererseits die Art von Leuten waren, die leicht ärgerlich werden, würden sie sich am Ende der Stuhlreihen an der Wand hinsetzen. Auf diese Weise könnten sie, sollten sie plötzlich aufstehen und gehen wollen, genügend Unruhe verursachen und die Energie im Raum stören. An all das war ich gewöhnt.

Vor einem Vortrag versuche ich immer, eine stille Ecke zu finden, in der ich sitzen und mich im Atem zentrieren kann. Ich werde empfindsam für die bereits sitzenden und die gerade eintreffenden Leute, und ich bete, dass es mir gestattet sei zu dienen. In jener bestimmten Nacht fand ich eine winzige Kapelle hinter der Kirche, wo ich für mich sein konnte.

Ich saß ganz ruhig da, und unmittelbar bevor es an der Zeit war zu beginnen, hörte ich ein Klopfen an der Tür des Notausgangs, der sich direkt neben mir befand. Das Klopfen hörte sich dringlich an, also ging ich hin, um nachzuschauen, was los sei. Ich blieb vor der Tür stehen und fragte mich, ob es weise sei, sie zu öffnen. Schließlich könnte es wer weiß wer sein, und es gibt einige nicht gerade ehrbare Charaktere in Santa Fe. Hinzu kam, dass der Küster der Kirche an diesem Abend weggegangen war und mir den Schlüssel für Notfälle überreicht hatte. Ich stand in der angenehmen Wärme und Sicherheit der Kirche und fragte mich, was zu tun sei. Doch das Klopfen wurde lauter und dringlicher. Ich machte einen Schritt zurück, als ich die schwere Türe mit ihrem Eisenschloss öffnete, und spähte in die Dunkelheit hinaus. Einen Augenblick lang war alles, was ich erkennen konnte, pechschwarz. Aber als sich meine Augen an die Dunkelheit gewöhnten, sah ich einen jungen Indianer vor der Türe stehen. Er war klein und hatte sehr dunkle Haut. Sein Haar war in einen Pferdeschwanz zurückgebunden und mit farbigem Tuch zusammengehalten. Seine Augen waren hell wie die Sterne des frühen Abends. In seiner Hand hielt er einen Zettel. Die Präsenz des Mannes war überwältigend.

»Ist er hier?«, fragte der Mann und streckte mir den Zettel entgegen. »Ich muss ihn unbedingt sehen. Bitte. Ist er hier?«, wiederholte er.

In solchen Augenblicken ist es schwierig, alles in den Fokus zu bringen. Ich wollte eben hinausgehen und zu zweihundert Leuten sprechen, die vielleicht freundlich sein würden und vielleicht auch nicht. Der Mann, der mich vorstellen sollte, war verschwunden, und der Küster war nicht da. Es war eiskalt und dunkel, und da stand ein Indianer mit einem Zettel. Nichts schien so recht aufzugehen.

»Wen, wen wollen Sie sprechen?«, stotterte ich.

»Ist er da?«, fragte er wieder, dieses Mal energischer.

»Nun, nein, ist er nicht«, erwiderte ich und dachte, er spräche vom Küster. »Er ist heute Abend ausgegangen, tut mir leid, und er wird erst später zurück sein.«

»Ich muss ihn aber sehen und ihm dies hier geben«, sagte der Indianer noch einmal.

Nun verlor ich meine Geistesgegenwart endgültig. Ich konnte hören, dass die Einleitungsmusik aufgehört hatte, was bedeutete, dass es für mich an der Zeit war, den Vortrag zu beginnen, und von meinem Freund, der den Abend eröffnen sollte, war noch immer nichts zu sehen.

»Schauen Sie«, sagte ich ziemlich ungeduldig, »ich werde gleich hier in der Kirche einen Vortrag halten, und der Küster ist weggegangen. Aber ich werde meinen Vortrag spätestens um Viertel vor zehn abschließen, dann wird er zurück sein, und Sie selbst können es ihm geben. In Ordnung?«

Ich begann die Türe zu schließen, aber da war etwas derart Seltsames in der Atmosphäre, dass ich nicht wusste, was ich sagen sollte. Auch wollte ich den Mann nicht wegschicken. Er blieb dort stehen ohne irgendeine sichtbare Regung. Er lächelte nicht, und seine Augen waren auf meine geheftet. Es war alles sehr merkwürdig. Die Zeit stand vollständig still, als er mir ein weiteres Mal den Zettel hinstreckte.

»Sehen Sie, es tut mir leid«, sagte ich. »Ich muss nun wirklich gehen, aber kommen Sie bitte um Viertel vor zehn zurück.«

Ich schloss die Tür sehr sanft, entdeckte aber, dass ich zitterte. In diesem Augenblick kam mein Freund an. »Wo bleibst du denn?«, fragte er ziemlich genervt. »Ich habe dich schon vorgestellt, und sie warten alle auf dich.«

Für Erklärungen war keine Zeit. Ich sammelte mich, so gut ich konnte, ging hinaus vor das Publikum und begann meinen Vortrag. An den größten Teil jenes Abends kann ich mich nicht mehr erinnern. Ich weiß nur noch, dass etwa dreißig Leute nach vielleicht fünfzehn Minuten ziemlich verärgert weggingen. Sie bahnten sich den Weg zum Ausgang und atmeten dabei rasselnd, als hätten sie trockenen und staubigen Sand geschluckt. Ich passte wahrscheinlich nicht in das Bild, das sie von dem hatten, was ein spiritueller Lehrer sagen sollte, oder vielleicht entsprach ich nicht ihren Erwartungen. So häufig wollen Menschen nur, dass andere ihre bereits akzeptierten Glaubenssätze bestätigen. Sie wollen nicht lernen oder das Leben aus einer anderen Perspektive sehen. Das wäre ihnen zu unbequem oder würde sie verunsichern.

Ich schloss meinen Vortrag genau um Viertel vor zehn Uhr ab, so wie ich es visualisiert hatte und wie es vereinbart worden war. Mit richtiger Visualisation und richtigem Einverständnis braucht man eigentlich keine Uhr und keinen Wecker. Schließlich sind wir es, die die Zeit in unserem Leben erschaffen. Ich beendete den Abend wie so häufig mit einem Lied von Freiheit und Freude. Dann ging ich zurück in die kleine Kapelle, um allein zu sitzen und einfach zu atmen, zu entspannen und dankbar zu sein. Dankbarkeit ist das, worauf es auf lange Sicht ankommt.

Nach einer Weile ging ich wieder in den Hauptraum der Kirche hinaus. Der Raum war fast völlig leer, nur ein paar Leute standen noch herum und sprachen miteinander. Ich stand an der gleichen

Stelle, wo ich all den vielen Leuten gegenübergesessen hatte. Dann erschien vom anderen Ende der Kirche her ein Mann. Er kam durch den Hauptgang auf mich zu. Es war der Indianer, dem ich am Notausgang begegnet war. Und noch immer hielt er seinen kleinen Zettel. Er kam geradewegs auf mich zu. Mein Herz sank, als mir klar wurde, dass ich die Person war, die er hatte treffen wollen. Können Sie sich vorstellen, wie ich mich fühlte?

Plötzlich dämmerte mir, dass ich es total verpatzt hatte. Ich stand da, viel größer als er, fühlte mich aber ganz klein. Er muss draußen gestanden haben in der Kälte dieser eisigen Nacht und darauf gewartet haben, dass der Vortrag vorüber war, einfach weil ich ihn nicht eingeladen hatte. Die Indianer haben bestimmte Manieren. Sie zwingen anderen ihre persönlichen Angelegenheiten nicht auf, und sie betreten keinen Ort, außer sie sind eingeladen. Ich hatte eine der wichtigsten Regeln des guten Benehmens jeder echten Tradition gebrochen. Ich fühlte mich gedemütigt und am Boden zerstört.

Er kam auf mich zu, sah mir dabei in die Augen und streckte mir seinen kleinen Zettel hin. Ich schaute ihn an und sah kein Anzeichen von Ärger oder Unmut.

»Mein Name ist Black Crow«, sagte er. »Man sagt, dass Sie für Leute singen und es ihnen dann manchmal besser geht. Unsere Medizin hat nicht geholfen. Würden Sie bitte für diese Person singen?«

Noch einmal streckte er mir den kleinen Zettel hin. Diesmal nahm ich ihn. Ich nahm ihn in die rechte Hand. Plötzlich löste sich die Spannung zwischen uns. Etwas bewegte sich tief in ihm, ich konnte es in seinen Augen erkennen. Eine überwältigende Liebe für diesen Mann erfüllte mich. Ich wünschte mir so sehr, dass er mir meine Dummheit vergebe.

Er nickte mir einfach einen stillen Dank zu, wandte sich dann um und ging langsam den Gang hinunter. Nun war ich fast zu Tränen gerührt, eine Mischung aus Scham und Dankbarkeit. Scham darüber, dass ich so unachtsam und unempfindsam gewesen war in einem Augenblick der Not, und dankbar dafür, dass ich diesem würdevollen Indianer hatte begegnen dürfen.

Seinem handgeschriebenen Brief konnte ich entnehmen, dass er in einem Artikel einer Lokalzeitung von Santa Fe die Geschichte einer tapferen, jungen Frau gelesen hatte, die einen sehr ernsten Fall von Krebs besiegt hatte. Ich war in dem Artikel erwähnt als eine der Personen, die ein Instrument der Hilfe zu ihrer Genesung gewesen waren. Ich hatte von ihrer Krankheit durch gemeinsame Freunde gehört, als ich mich in Europa aufhielt. Im Wissen, dass Klang und ein Lied besser sind als viel Reden, griff ich zum Telefonhörer und sang für sie aus meinem Herzen. Es war das christliche *Gebet der Hingabe:*

Vater, in Deine Hände ergebe ich mich.

Mache mit mir, was immer Du willst,
und was immer Du tust,

Ich werde Dir danken
und Dir immer dankbar bleiben.

Lass nichts als Deinen Willen in mir geschehen
wie in all Deinen Geschöpfen.

In Deine Hände gebe ich meinen Geist.

Ich gebe ihn Dir
mit all der Liebe meines Herzens.

Denn ich liebe Dich, Herr,

Und sehne mich danach, mich zu geben,
mit einem Vertrauen über alle Maßen.

Black Crow hatte gehört, dass ich an diesem Tag in der Kirche in Santa Fe wäre. Er war den weiten Weg aus den Bergen, wo er lebte, gekommen, um mich zu treffen. Doch er konnte nicht wissen, dass ich derjenige war, nach dem er suchte. Ich sah ihn nie wieder.

Am nächsten Tag wählte ich die Nummer, die auf dem kleinen Zettel notiert war, den er in das *Sanctuario* gebracht hatte. Ich war nicht sicher, was ich zu erwarten hatte. Black Crow hatte erwähnt, dass ihre »Medizin« nicht geholfen hätte, und so konnte ich mir nur schwer vorstellen, dass ich persönlich würde helfen können. So, wie die Indianer das Wort »Medizin« verwenden, kann es viele verschiedene Bedeutungen tragen. In diesem Fall war ich überzeugt, dass sie ihre eigenen Heilmethoden benutzt hatten, die

Person, die ich anrufen sollte, aber auf ihre alten traditionellen Vorgehensweisen nicht angesprochen hatte.

Alles, was ich hatte, war die Telefonnummer. Zuerst realisierte ich nicht, dass es die Nummer von Black Crows Frau war. Auch wusste ich nicht, dass sie wirklich ernsthaft krank war.

Ein Mann beantwortete den Anruf. Ich versuchte ihm zu erklären, was in der vergangenen Nacht geschehen war, aber er verstand nicht. Außerdem hörte er sich ein wenig verärgert an. Ich fragte ihn ganz ruhig, wer er sei. Er sagte, er sei der Vater der kranken Frau. Es nahm auch einige Zeit in Anspruch, um zu realisieren, dass er ein Weißer war und gemischte Ehen in keiner Weise billigte. Er gestattete ihr nicht, ans Telefon zu kommen, und sagte mir klar und deutlich, ich solle mich um meine eigenen Angelegenheiten kümmern.

Ich erhielt also nie eine Gelegenheit, ihr ein Lied aus meinem Herzen zu singen. Aber schließlich geschieht in dieser Welt nichts, es sei denn zum richtigen Zeitpunkt. Der alte Spruch besagt: »Versuche nicht, den Fluss zur Eile anzutreiben.« Ich hatte alles mir Mögliche getan, um den Kontakt herzustellen, aber gewiss gibt es viele unsichtbare und ungreifbare Faktoren, die in diesen Angelegenheiten eine Rolle spielen. Und Gott weiß es am besten!

Die Weisheit der Eingeborenen

ICH BEGANN, IN SANTA FE REGELMÄSSIG UNTERWEISUNGEN zu geben. Eine der Vortragsreihen handelte von der Natur der Zeit. Die meisten Menschen meinen, Zeit verlaufe nur von A nach Z, und verstehen nicht, dass Zeit in beide Richtungen fließt. Es fällt uns leicht zu verstehen, dass Zeit hinausgeht oder abläuft vom Augenblick an, da wir geboren wurden, bis zum Augenblick, da wir dieser Welt gegenüber sterben. Aber wir vergessen, dass Zeit auch in dem Ausmaß hereinkommt, in dem wir für Zeit Raum schaffen.

Gewöhnlich betrachten wir Zeit als etwas, das »verrinnt«, während wir hinter der Zeit herrennen, versuchen, mit ihr Schritt zu halten. Zeit scheint zu verstreichen, und wir scheinen Opfer der

Zeit zu sein. Wir können zulassen, dass sie uns überrennt, oder wir können bewusst mit der Zeit arbeiten, mittels Absicht, Visualisation, Einverständnis und Wissen. Zeit hat viele Dimensionen, und jede Dimension verfügt über verschiedene Aspekte. Die vollständige Natur der Zeit ist schwierig zu verstehen, weil man wirklich erleben muss, wie es ist, sowohl *in* der Zeit als auch *außerhalb* der Zeit zu sein – gleichzeitig.

Es wird gesagt, dass »einige Menschen Gott in der Schöpfung erkennen und einige Menschen die Schöpfung in Gott; doch der Sufi ist einer, der beides zugleich erkennt«. Um die verschiedenen Dimensionen von Zeit gleichzeitig zu erleben, ist es notwendig, das Leben leidenschaftlich zu leben und »sehr, sehr viel zu lieben«, wie eine enge Freundin von mir, Gurdjieffs Nichte Luba, einmal sagte.

Am Tag nach einem der Seminare über Zeit ging ich zu einem Spaziergang hinaus auf die Straßen von Santa Fe. Das Gehen habe ich immer gemocht. Ich erlaube dem Wind, mich von Ort zu Ort zu blasen, bis ich in einer Lernsituation lande. Gehe ich mit offenem Herzen und offenen Händen, geschieht immer etwas. Dann bringe ich nach Hause, was immer ich gelernt habe, destilliere es und gebe es dann an andere weiter.

Zu jener Zeit betrat ich einen Laden, in dem Kunsthandwerk und Schmuck von Indianern verkauft wurde. Ich war schon früher einmal in diesem Laden gewesen, auf der Suche nach dem Flötenmacher. Hier war ich der Besitzerin begegnet, einer außerordentlichen indianischen Frau namens Coming Morning. Aber weil ich so intensiv auf der Suche nach meiner Flöte gewesen war, hatte ich mir nicht viel Zeit genommen, mich im Geschäft umzuschauen. Auch hatte ich Coming Morning nicht wirklich kennengelernt. Ich hatte eine starke Intuition, dass sie von der mystischen Weisheit der indianischen Tradition wusste. Nun wollte ich ihr eine Frage stellen und meinen Geist und mein Herz öffnen, um die Antwort zu empfangen.

Als ich das Geschäft betrat, war Coming Morning damit beschäftigt, Kunden zu bedienen. Ich verstand, dass ich warten musste, wollte ich mit ihr sprechen. Vielleicht müsste ich sogar eine lange Zeit warten. Ich fragte mich, wie viel Zeit mir eigentlich zur Verfügung stünde? Sollte aber je die Zeit kommen, um sich wirklich zu begegnen, könnte das sehr wohl an diesem Tag sein. Die Leute, die dort waren, gingen schließlich weg, nachdem sie einige schöne Schmuckstücke gekauft hatten.

Ich war im Laden umhergegangen. Der vordere Teil war eigentlich eine Galerie mit auserlesenen Museumsstücken, die von Prärie-Indianern hergestellt worden waren. Die Qualität war atemberaubend. Da waren indianische Schilde, heiliges Gerät, Gemälde und andere Kunstwerke, geschaffen von zeitgenössischen indianischen Künstlern. Da waren Perlenstickereien mit Farben, die hervorbarsten wie der Frühling, wenn er in den Sommer übergeht.

Ich schaute Coming Morning an. Sie stand in einer Ecke des Raums in einer Aura größter Stille und vollkommenen Friedens, mit einem sehr entschiedenen Gefühl von Stolz und Würde. Diesmal trafen sich unsere Blicke. Sie begrüßte mich mit einem einfachen Lächeln und einem stillen, respektvollen Nicken. Sie sagte aber nichts. Ich nickte zu ihr zurück. Ich war glücklich, dass sie mich wiedererkannt hatte. Aber aus Respekt wartete ich, dass sie eine Unterhaltung begann. Ich entschied, ruhig zu sein, bis ich eingeladen würde zu sprechen.

Der Laden war wirklich bemerkenswert, und ich genoss den Geist all dieser Schönheit und ausgezeichneten Handwerksarbeit in vollen Zügen. Coming Morning blieb still. Ich glaube sie wusste, dass ich mit ihr sprechen wollte, aber sie blieb absichtlich distanziert.

Endlich durchbrach ich die Stille und machte einen Kommentar zur besonderen Schönheit des Ladens. Ich fragte sie, ob sie sich an mich erinnere, wie ich vor einigen Monaten nach einer Flöte gesucht hatte. Sie erinnerte sich. Ich sprach von meiner leidenschaftlichen Wertschätzung der Indianer, und wir erzählten uns gegenseitig, wie wir nach Santa Fe gekommen waren. Es dauerte nicht lange, bis wir Freunde wurden.

Sie sagte mir: »Ich sehe, dass Sie ein Weißer sind, der zuhören und hören kann. Das ist tatsächlich sehr selten. Also kann ich vielleicht etwas von der Weisheit der Indianer mit Ihnen teilen. Ich denke, dass das der Grund ist, weshalb Sie eigentlich hierher gekommen sind. Nicht wahr?«

»Nun«, sagte ich, »ich möchte mehr über die Weisheit der Indianer lernen. Ich möchte mehr über unsere heilige Verbindung mit der Erde lernen. In meiner Tradition ist diese Welt eine Widerspiegelung der höheren Welten. Es wird gesagt, dass Gott die Welt erschaffen hat, um Sich selbst zu erkennen.«

Sie lud mich in ihr Büro hinten im Laden ein, bot mir einen Stuhl an und setzte sich. Sie schaute mich mit sanften Augen an, die von Mitgefühl erfüllt schienen. Sie sagte: »Aber viele von Ihnen haben die Trommel vergessen.«

Es gab eine lange Pause, als Coming Morning meine Reaktion studierte. Was meinte sie? In meinem Geist stieg ein Bild auf von einer mittelgroßen, mit gefärbten Federn und Tierzeichnungen verzierten Indianertrommel. Ich liebe Musik, und ich besaß während der Sechzigerjahre einige Bongo-Trommeln. Aber ich hatte während vieler Jahre keine mehr gespielt.

Coming Morning sprach weiter: »Sie haben all Ihre spirituellen Übungen, meditieren und tun all diese faszinierenden Sachen, aber Sie vergessen den Herzschlag der Erde. Deshalb verwenden wir die Trommel – um uns an den Herzschlag der Erde zu erinnern.«

Wieder hielt sie inne und studierte mich, wartete in einem Zustand absoluter Geduld, während ihre Worte und deren Bedeutung in mich einsanken. Sie hatte die Fähigkeit, etwas in mir zu erwecken, und ich wusste, dass sie eine wirkliche Lehrerin war. Ich wollte verstehen. Ich erinnerte mich an die Erde unter meinen Füßen. Ich begann, den Herzschlag der Erde zu spüren.

Sie fuhr fort: »Bringen Sie die Trommel in Ihr Leben. Dann werden Sie sich daran erinnern, dass wir alle Hüter dieses Planeten sind. Sie müssen sich Zeit nehmen, um die Erde zu fühlen. Legen Sie das Ohr auf den Boden, und hören Sie den Herzschlag der Mutter. Dann werden Sie die wirkliche Bedeutung von Zeit vielleicht verstehen.«

Wie unheimlich, dass sie »Zeit« erwähnte. Ich konnte dem, was sie sagte, folgen und ich wusste, sie sprach die Wahrheit. Es schien eine seltsame Übereinstimmung zu sein, dass ich gerade Unterweisungen über Zeit gegeben hatte. Ich kontemplierte den Zusammenhang zwischen Trommel, Herzschlag und Zeit.

Sie sagte: »Ihre Leute verstehen Zeit nicht, wie wir das tun. Sie werden unruhig, wenn wir nicht in der gleichen Art Zeit funktionieren, wie Sie das tun.«

Ich dachte an all die vielen Leute, die Witze machen über die »indianische Zeit«, und daran, wie wir in unserer modernen Welt umhereilen, ständig auf die Uhr schauen und immer bemüht sind, unsere Zeit mit geschäftigen Plänen oder verschiedenen Unterhaltungen zu füllen, aber nie den inneren Raum der Zeit erleben und nie wirklich präsent sind hier im Augenblick. »Indianische Zeit« heißt, einem natürlichen Rhythmus der Zeit zu folgen und Dinge nur zur genau richtigen Zeit zu tun.

Sie fuhr fort: »Vielleicht hilft es Ihnen, besser zu verstehen, wenn ich eine Geschichte aus unserer Tradition erzähle. Ich erzähle Ihnen vom Kürbis oder der »Rassel«. Wenn Sie zu einem unserer Powwows kommen, werden Sie sehen und hören können, wie die Rassel mit der Musik, mit dem Tanz und der Trommel zusammenwirkt. Sie arbeiten alle zusammen wie eine Familie. Die Trommel, die Rassel, das Singen und der Tanz – das alles ist Teil unserer Tradition. Wir stellen unsere Instrumente her aus dem, was die Erde anbietet. Diese Instrumente können auch als ›Medizin-Werkzeuge‹ Verwendung finden. Unsere Heiler benutzen häufig die Trommel und den Kürbis, wie auch Lied und Gebet.«

Ich nickte zustimmend.

Sie sprach weiter: »Um die ganze Bedeutung der Rassel zu kennen, müssen Sie eine herstellen. Zuerst müssen Sie einen Kürbis finden. Der Kürbis stammt von einer von uns gezogenen Pflanze, wir trocknen ihn dann eine bestimmte Zeitlang in der Sonne. Aber der Kürbis selbst erzeugt noch keinen Klang. Sie müssen etwas ganz Besonderes finden, was in den Kürbis gelegt wird, bevor er mit dem Griff verschlossen wird; dieser wird zum Schütteln der Rassel benutzt.

In unserer Tradition wird ein junger Mann von seinem Lehrer oder einem Ältesten auf eine Visionssuche geschickt. Er wird für drei Tage und drei Nächte ohne Wasser und ohne Essen allein auf einen Berg geschickt, damit ihm von Wakan' Tanka, was unser Name ist für das Göttliche, den Großen Geist, seine Vision gegeben wird. Wenn er zurückkommt, geht er zu seinem Lehrer und beschreibt seine Visionen. Dann hilft ihm der Lehrer oder Älteste, die Bedeutung dieser Visionen zu verstehen, und weist ihm für die Zukunft seines Lebens die richtige Richtung. Vielleicht schlägt er vor, welches die bestgeeignete Arbeit für den jungen Mann sein könnte, schlägt vor, welche Art von Funktion er für die Gemeinschaft und die Erde als Ganzes erfüllen könnte. Dann, wenn es richtig ist, werden sie ihn hinausschicken, das Land nach einem Ameisenhügel zu durchsuchen. Es gibt viele große Ameisenhügel dort draußen in der Wüste. Ihm wird aufgetragen, einen Ameisenhügel zu finden, weil die Ameisen das Geheimnis der Zeit kennen.«

Erneut sprach sie die Natur der Zeit an. Ich hörte ihr noch aufmerksamer zu.

Sie sagte: »Die Ameisen kennen das Geheimnis der Zeit, weil sie vor uns hier waren. Das wird in unserer Tradition berichtet. Um also Zeit zu verstehen, müssen wir zu den Ameisen gehen. Der junge Mann findet einen Ameisenhügel und entdeckt, dass Ameisen kleine Kieselsteine und Edelsteine aus dem Boden sammeln. Er erhält die Anweisung, zweiundsiebzig dieser Kiesel zu sammeln, ohne die Ameisen oder ihr Heim zu stören. Er muss also Wakan' Tanka für die Entfernung jedes Kiesels um Erlaubnis bitten. Es braucht so lange, wie es braucht, um zweiundsiebzig Kieselsteine zu sammeln. Der junge Mann muss sehr geduldig sein. Er muss auch vorsichtig sein, denn diese Ameisen können ganz schön beißen. Die ganze Aufgabe kann sogar Jahre in Anspruch nehmen, weil er vielleicht von jedem Ameisenhaufen nur einige wenige Kieselsteine sammeln kann, bevor er einen weiteren finden muss. Hat er schließlich zweiundsiebzig dieser Kieselsteine gesammelt, kehrt er zum Ältesten zurück. Er erhält dann Anweisungen, einen Kürbis zu finden, oben in den Kürbis ein Loch zu machen, und dann lässt er die kleinen Kieselsteine in den Kürbis fallen. Dieser wird dann versiegelt mit einem kurzen hölzernen Stock von genau dem richtigem Durchmesser. Das wird dann der Griff des rasselnden Kürbis'. Dann ist die Aufgabe erfüllt. Vielleicht wird der Kürbis mit besonderen Farben und Symbolen bemalt. Vielleicht wird er mit natürlichen Gegenständen der Erde geschmückt. Dann kann man den Kürbis zum Tanz mitnehmen, den heiligen Zeremonien, oder ihn zum Heilen benutzen.«

All das war sehr faszinierend und hilfreich für mein Verständnis des indianischen Wegs, aber ich fragte mich, warum die Zahl zweiundsiebzig? Die Quersumme von zweiundsiebzig ist neun, was in der Sufi-Tradition die Zahl der Vollendung ist. Auch sagte der Prophet Mohammed: »Nimm zweiundsiebzig zum Berg«, weil zu jener Zeit zweiundsiebzig Stämme existierten, die er zu einem Ganzen vereinigte.

Coming Morning erzählte weiter, die Bedeutung der Rassel oder des Kürbis' bestehe darin, dass Klang uns alle zusammengebracht habe. Zweiundsiebzig verschiedene Aspekte des Lebens, Arten, das Leben zu betrachten, oder verschiedene Arten von Menschen kommen alle in einem heiligen Gegenstand zusammen, der die Mutter Erde repräsentiert. Alle ertönen gemeinsam, ein schöner Klang von Harmonie und Rhythmus.

»So«, sagte sie, »vielleicht verstehen Sie nun mehr von Zeit, Indianerzeit. Erinnern Sie sich einfach an die Trommel, und erinnern Sie sich an den Kürbis. Erinnern Sie sich an den Rhythmus und den Tanz. Lassen Sie in Leidenschaft und Liebe den Takt Ihres Trommelrhythmus' im Einklang sein mit dem Herzschlag der Mutter Erde. Lassen Sie den Kürbis erfüllt sein von allen Göttlichen Aspekten des Lebens. Lassen Sie das Viele zusammenkommen, um den Klang der Einheit ertönen zu lassen.«

Sie schaute mich tief und ernst an, aber durch ihre Augen lächelte sie. Ich konnte ihre eigene Liebe und Leidenschaft für das Leben spüren. »Danke fürs Zuhören«, sagte sie. »Ich spüre, dass Sie verstehen. Nun sollten Sie gehen. Ich muss zurück an die Arbeit. Es wird ein andermal Zeit sein.« Sie zwinkerte mir zu.

Gerade in diesem Augenblick öffnete sich die Ladentür, und ein Paar trat ein. Gemeinsam verließen wir ihr kleines Büro, und Coming Morning machte weiter mit dem Bedienen der Kunden.

Während der nächsten paar Monate ging ich häufig in ihr Geschäft, um zu schauen, ob wir noch einmal sprechen könnten. Manchmal war der Laden leer, was zuließ, dass etwas sehr Tiefgehendes zwischen uns geschah. Andere Male kam ein Strom von Leuten herein, so dass wir nicht weiter miteinander kommunizieren konnten. Waren andere Leute im Geschäft, pflegte sie diese aus Respekt immer zuerst zu bedienen. Ich wusste, wenn wir je von Herzen kommunizieren wollten, würde ich auf sie und sie auf mich warten müssen. Ich wartete, und sie wartete, und wir warteten. Sie war mit allen immer sehr geduldig. Andere Male, sogar wenn der Laden leer war, schien sie einfach nicht sprechen zu wollen. Es war nicht der richtige Zeitpunkt.

Eines Tages, als ich gewartet hatte, um zu schauen, ob es der richtige Zeitpunkt sei, brachte sie mich wirklich dazu, mich zu fragen, ob ich über genügend Geduld verfüge, überhaupt in einem Raum mit ihr zu sein. Eine Gruppe von Leuten sah sich um. Sie stellten ihr dumme Fragen, aber sie blieb sehr geduldig.

Plötzlich ließ sie alle stehen, kam auf mich zu und flüsterte mir ins Ohr: »Reshad, wer wird sie aufwecken?«

Die Abalone-Muschel

ICH WAR FÜR EINEN VORTRAG UND EIN RADIOINTERVIEW nach San Francisco eingeladen worden. Früh am Morgen vor dem Interview fuhr ich die kurvenreiche Küstenstraße entlang Richtung Stadtzentrum. Mit einem Mal erinnerte ich mich an einen bestimmten versteckten Strand, den ich hier früher häufig mit meiner Frau besucht hatte und den ich in meinem Buch *Das atmende Leben* erwähnt habe.

Wir hatten diesen verborgenen Ort eines Tages entdeckt, als wir die Küste erkundeten. An diesem Strand konnte man immer mindestens eine rote Abalone-Muschel finden, die auf den Sand gespült worden war. Aber es war nicht unbedingt einfach. Wenn wir nicht wach waren, bemerkten wir sie nicht, nicht einmal im Licht der Sonne. Wir konnten sie nur finden, wenn wir in einem Zustand erhöhter Aufmerksamkeit waren.

Ich entschied mich, dort anzuhalten und für meine Freundin Coming Morning eine dieser schönen Abalone-Muscheln zu suchen. Ich wusste, sie würde sie sehr schätzen, da in der Tradition der Indianer Muscheln als kostbar und heilig betrachtet werden. Häufig verbrennen sie Salbei und Süßgras darin. Obwohl ich sorgfältig suchte, konnte ich am Strand keine einzige Abalone-Muschel finden. Vielleicht haben, nachdem mein Buch veröffentlicht worden war, zu viele Leute den Strand entdeckt, so dass dort keine Abalone-Muscheln übrigblieben.

Ich fuhr mit leeren Händen zum Radiosender. Die Interviewerin für das Programm war eine Frau, die ich seit einigen Jahren kannte. Sie ist die geborene Zuhörerin. Nach der zweistündigen Sendung kehrte ich am Ende des Abends in mein Motel zurück, um auszuruhen.

Am nächsten Morgen klopfte der Manager des Motels an meine Tür und sagte: »Ich habe ein Paket für Sie.« Ich nahm das Paket entgegen und öffnete es. Ich konnte nicht glauben, was ich entdeckte – es war die perfekteste rote Abalone-Muschel, die ich je gesehen hatte. Das Geschenk stammte von meiner Freundin beim Radiosender. Ich war wirklich erstaunt, weil ich ihr nichts erzählt hatte von meiner Suche nach der Muschel für Coming Morning. Ich rief sofort im Sender an, um ihr für dieses außergewöhnliche Geschenk zu danken und die Freude darüber zu teilen.

Später an diesem Tag flog ich zurück nach Santa Fe. Ich wickelte die Abalone-Muschel in schönes Papier und besuchte Coming Morning. Ich war ganz aufgeregt, ihr ein Geschenk zu bringen, das sie und ihr Clan, wie ich spürte, für ihre Zeremonien mögen würden. Doch die Dinge liefen nicht, wie ich es mir gedacht hatte. Ich betrat den Laden und präsentierte ihr das Geschenk. Zu meiner großen Überraschung öffnete sie es nicht einmal. Später fand ich heraus, dass das für Indianer das übliche Benehmen ist. Sie scheinen mit ihren Geschenken immer zu verschwinden, und öffnen sie nur selten in der Gegenwart anderer.

Zwei oder drei Tage später ging ich zurück, um sie zu besuchen. Ich erwartete ein großes »Dankeschön« für die Muschel. Zuerst blickte sie mich nicht an, sondern schaute zu Boden.

Mir wurde immer unwohler, bis sie schließlich aufschaute und ziemlich energisch sagte: »Warum wollt ihr Weißen immer herausfinden, ob wir eure Geschenke *mögen* oder nicht? Wisst ihr nicht, dass alle Geschenke vom Großen Geist kommen und alle Geschenke schließlich zu Ihm zurückkehren?«

Die Pfeife

EINES TAGES ERHIELT ICH VON COMING MORNING EINEN Telefonanruf. Das war eine Überraschung, weil sie selten von sich aus eine Kommunikation anfing. Sie sagte: »Reshad, ich habe Erlaubnis von meinen Ältesten, dich als ›Pfeifenträger‹ zu initiieren.«

Das überraschte mich noch mehr. Ich fragte mich, was das alles zu bedeuten hatte. Ich wusste, dass das eine besondere Ehre war, aber sollte ich sie akzeptieren? Im Lauf der Jahre wollten viele Gruppen mich in dieses oder jenes initiieren, aber häufig lehnte ich ab, weil ich wusste, dass etwas nicht stimmte. Diesmal war es anders. Ich war gekommen, Coming Morning meinen Respekt zu erweisen, und ich schätzte den Weg der Indianer, also einigten wir uns auf ein Datum für die Zeremonie.

Dann sagte sie: »Ich will, dass du vierzehn Leute findest, mit denen ich mich wohlfühlen kann.«

Was meinte sie denn damit, fragte ich mich. Wir können nicht einfach davon ausgehen, dass die anderen meinen, was wir *denken,* dass sie meinen. Sprachen sind verschieden, Kulturen sind verschieden und Menschen sind verschieden. Wir müssen diese Unterschiede respektieren und sie zu verstehen lernen. Für mich geht Respekt der Liebe voran. Das Wort »Respekt« stammt vom lateinischen *respectare,* was »wieder sehen« bedeutet. Genau in dem Augenblick, da wir frei sind von unserem Unmut, Neid und Stolz, sind wir tatsächlich die Augen, durch die Gott sieht. Aus diesem klaren Sehen stammt Liebe, und Liebe ist die Bewegung von Schönheit.

Ich kannte viele Leute in der Gegend von Santa Fe, und doch war es nicht sehr einfach, die richtigen vierzehn zu finden. Schließlich gelang es mir. Die besondere Zeremonie sollte im Freien stattfinden. Glücklicherweise besaßen wir ein Stück Land und einen schönen Privatgarten, wo wir uns treffen konnten.

Coming Morning kam zur vereinbarten Zeit mit ihrem Sohn an. Sie brachte die gleichen heiligen Roben mit, die ich sie bei einer privaten Zeremonie hatte tragen sehen, zu der sie mich früher einmal eingeladen hatte. Coming Morning hatte darauf bestanden, dass alle bei der Zeremonie Anwesenden sich mit Waschungen vorbereiten. In der Tradition der Indianer ist Reinigung in jeder Zeremonie oder Heilarbeit immer der erste Schritt.

Ich bat meine Frau, sich um sie zu kümmern, und sie wurde ins Badezimmer geführt, damit sie sich angemessen waschen und ihre Kleidung wechseln konnte. Meine Frau beobachtete, wie Coming Morning sich sehr gründlich das Gesicht wusch, die Arme und Hände und auch die Füße. In der Sufi-Tradition waschen wir uns insbesondere vor Gebeten oder Zeremonien in einer gewissen Weise, um vollkommen klar und rein zu sein für die Gegenwart Gottes. Meine Frau berichtete mir später, dass die beiden verschiedenen Traditionen der Waschung fast vollständig übereinstimmten. Häufig vergessen die Leute, dass richtige Vorbereitung und klare Absicht ein Muster setzen für das, was kommen mag.

Als wir schließlich vorbereitet waren, kam Coming Morning in ihre Roben gekleidet heraus in die Nacht. Sie war so stolz und doch so bescheiden. Eigentlich war da einfach nur Würde, die vom Tragen einer ungebrochenen Linie heiliger Tradition herrührte. Wir versammelten uns alle im Garten und bildeten einen Kreis. Ihr Sohn saß mit einer Trommel da. Er blickte gegen Osten, während Coming Morning nach Westen ausgerichtet war. Meine Freunde und ich standen in Stille, irgendwie schüchtern, und wussten nicht, was wir tun sollten. Schließlich wollten wir uns angemessen benehmen.

Coming Morning öffnete einen Beutel, nahm einige Kräuter und heiligen Tabak heraus und gab jeder Person ein Stück davon. Sie gab uns auch Stücke weißen Tuches und wies uns an, mit den getrockneten Blättern einen Bund zu machen. Das, sagte sie uns, werde Teil des Rituals sein, um uns zu helfen, unseren eigenen Schmerz und auch unseren Stolz loszulassen. Ihr Sohn begann zu trommeln. Dann fing Coming Morning an, uns in einen ganz einfachen Gesang zu führen, der verschiedene Klänge verwendet, die wiederum ähnlich in der Sufi-Tradition gebraucht werden. Ich dachte, wie wunderbar es sei, dass meine Freunde und Schüler Zeugen dieser wesentlichen Ähnlichkeit zwischen zwei heiligen Traditionen sein konnten. Vielleicht war das einer der Gründe für unsere Zusammenkunft?

Wir hatten schon nach den Anweisungen von Coming Morning ein heiliges Feuer aufgebaut. Nun wurden wir eingeladen, einer nach dem anderen unsere Bündel zu nehmen und sie zum Feuer zu bringen. Coming Morning bat uns, sie nahe an das Feuer zu legen, nicht in das Feuer. Dann kehrten wir alle in den Kreis zurück.

Coming Morning nahm dann die heilige Pfeife hervor und bat mich, zu ihr nach vorn zu kommen. Ihr Rücken war gegen Osten gerichtet, und ihr Sohn war nun zu meiner Linken und schlug die Trommel. Ich konnte spüren, dass die Leute im Kreis tief berührt waren von dem, was geschah. Coming Morning sprach einige Worte des Gebets und bot die Pfeife dem Großen Geist an. Dann streckte sie mir mit beiden Händen die Pfeife entgegen, und ich nahm sie mit beiden Händen an. Unsere Blicken waren unzertrennlich, und wir atmeten als eins. Ich blickte auf die Pfeife hinunter, als ich sie annahm. Dann kehrten meine Augen zurück zu Coming Morning, die nun ein blaues Licht auszustrahlen schien.

Während ich die heilige Pfeife an mein Herz hielt, hellte sich plötzlich der ganze Himmel vor mir auf. Ich übertreibe nicht – ich sah eine Vision des auferstandenen Christus. Er kam als Indianer zu mir, mit strahlenden Energielinien, die aus seinem Kopf hervorbrachen. Da verstand ich die Bedeutung des von den Stammeshäuptlingen getragenen, gefiederten Kopfschmucks, der deutlich den Ausbruch des Lichts zeigt, das aus dem Kopf strahlt, wenn die Göttliche Gegenwart erweckt ist. Die Erfahrung war einfach überwältigend. Dort stand ich für eine scheinbare Ewigkeit in der Nachtluft. Diese Vision wird mir ewig in Erinnerung bleiben, aber vielleicht war das in meinem Herzen schon vollendet, bevor es sich schließlich in der äußeren Welt ereignete. Ich fühlte mich angesichts der gesamten Erfahrung absolut demütig und war sprachlos.

Nach der Zeremonie kehrten wir alle zum Haus zurück. Wieder wuschen wir uns und setzten uns dann hin zum Tee. Als es für Coming Morning und ihren Sohn an der Zeit war zu gehen, begleitete ich sie in die Nacht hinaus. Ich fragte Coming Morning: »Wann rauche ich die Pfeife?« Sie schaute mich an und sagte: »Nur, wenn du ganz und gar verzweifelt bist oder in vollkommenem Lobpreis für den Großen Geist.«

Sie beobachtete mich, um zu erkennen, ob ich verstünde. Sie erklärte weiter, dass die heilige Pfeife ursprünglich den Zweibeinern als eine Art Werkzeug gegeben worden war, um mit dem Großen Geist zu kommunizieren. »Mit der Pfeife schicken wir unsere Gebete und unseren Dank zum Großen Geist.« Während man sein Gebet im Herzen hält, wird der heilige Tabak in der Pfeife verbrannt, und man beobachtet, wie das Gebet im Rauch zum Großen Geist aufsteigt. Der heilige Tabak repräsentiert ›all unsere Verwandten‹, alles Leben auf der Erde, in Vergangenheit, Gegenwart und Zukunft. Der aufsteigende Rauch ihrer verbrannten Essenz ist wie unsere Essenz, die aus dem Feuer des Opfers unserer selbst oder aus dem Tod des Egos zum Großen Geist zurückkehrt. Sie erklärte weiter, einige der großen Medizinmänner und Medizinfrauen sagten, sie arbeiteten daran, eine reine Pfeife zu werden als Durchgang für den Großen Geist. Sie bieten sich selbst als reine Pfeife an, hier auf der Erde dem *Werk* und dem *Atem* des Großen Geistes zu Diensten zu sein.

»So, mein Freund«, sagte sie, »nutze die heilige Pfeife gut, und verwende sie immer in tiefem Respekt.«

Ihr Sohn schaute mir direkt in die Augen, fügte dann mit ungeheurer Ehrlichkeit hinzu: »Erinnern Sie sich bitte an das, was Ihnen gegeben wurde. Und vergessen Sie nie die Würde unseres Volkes.«

»Das werde ich nie«, erwiderte ich.

Coming Morning fügte hinzu: »Ein Pfeifenträger zu sein, ist in unserer Tradition eine große Ehre. Es ist nicht nur für dich gemeint. Es ist gedacht für einen größeren Zweck. Normalerweise wird es mit anderen geteilt, im gemeinsamen Gebet. Wann immer du die Pfeife rauchst, musst du dich an ›alle unsere Verwandten‹ und an die Einheit allen Lebens erinnern. Vergiss nie, die *ganze* Schöpfung in deinem Geist und Herzen zu tragen.«

Ich besitze diese Pfeife heute noch...

Der Hafen

Ich gehe am Hafen
den Kai entlang,
die Gezeiten
wechseln,
Segel
klatschen,
Taue zerren,
sie
zu bewegen
mit dem Wind
und der Flut.
Ich gehe
am Kai.

Vorn
bellt ein Hund,
jagt Möwen.
Sie steigen auf
in der Thermik,
rufen, rufen,
segeln hinaus
zum Meer.

Ein Paar,
Arm in Arm,
wendet sich um,
als die Boote
hinausfahren.

Unter mir
ein Fischerboot.
Sie flicken
die Netze.
Es ist noch zu früh –
die Flut
muss noch steigen.
Der Seebarsch
wird
beim Riff sein.

Möwen freuen sich,
warten, warten.
Die Fischer
werden
zurückkommen.

Ein Fest
für weißgefiederte
Seevögel.
Die Köpfe,
die zurückgelassenen
Stücke.

Und ich
beobachte
den Wechsel
der
Gezeiten.

Unterwegs nach Hause

WIE HÄUFIG MACHEN WIR DIE BESTEN PLÄNE, UND SIE VERschwinden dann wie im Nebel. Vielleicht müssen wir gerade dann neu beginnen, wenn wir überzeugt sind, den Weg gefunden zu haben. Unsere Welt kann vor unseren Augen in Stücke gehen, und ganz sicher machen es nur Geduld und Beharrlichkeit möglich, dass wir einmal mehr auf unserer Suche nach einer wahren Wirklichkeit weitergehen können. Man kann sagen, dass wir geführt sind, auf unserer Suche entlang den Spuren der Zeit vorangetrieben, und was immer zum Wohl des Ganzen nicht nötig ist, wird uns schließlich weggenommen.

Durch tiefe Intuition können wir erfahren, wann ein Zyklus vorüber ist. Und so war es mit meiner Zeit in den Vereinigten Staaten. Nach langem Warten, Tag für Tag, Woche für Woche, Monat für Monat, erhielt ich schließlich eine Einladung in die Schweiz. Ich packte alles zusammen und kam zurück nach Europa.

Doch es gab noch etwas Weiteres zu tun. Viele Jahre lang hatte ich den Mann, der mein Lehrer war, nicht mehr gesehen. Ich wollte hinfahren, ihm ein weiteres Mal meinen Respekt erweisen und ihm danken. Obwohl es für uns notwendig gewesen war, in der Welt der Erscheinungen getrennt zu sein, hatte es in den spirituellen und unsichtbaren Welten keine Distanz zwischen uns gegeben. Auf dem Pfad, den zu reisen ich gewählt hatte, waren gewisse Opfer notwendig.

Als ich in seinem Haus ankam, war er damit beschäftigt, an der Übersetzung einiger heiliger Texte zu arbeiten. Schließlich erschien er im Raum, und seine Augen begegneten den meinen mit einem Blick, der so tief und durchdringend war, dass es fast unmöglich zu beschreiben ist. Meine Reise seit dem Verlassen Englands blitzte in einem Augenblick vor mir auf, und ich erkannte, dass es nie eine Trennung gegeben hatte. Es war nicht einfach gewesen, in eine Art Wüste geworfen zu werden, nur mit einem Brief ausgestattet, der Anweisungen enthielt, ich solle mein Bestes geben, »andere zu dem Wissen zu bringen, das unweigerlich zur Liebe führt«, wie er so häufig gesagt hatte.

Der Wahrheit halber muss ich auch sagen, dass zu jener Zeit die Dinge zwischen uns schwierig gewesen waren. Aber dies geschieht häufig in Beziehungen zwischen Lehrern und Schülern, fast wie durch eine Vorsehung, um den Schüler daran zu hindern, sich zu sehr mit der Person zu identifizieren, die sein Führer auf dem Weg gewesen ist…

Er lächelte. Wir sprachen kaum ein Wort. Es gab nichts mehr zu sagen. Es war wie das Überschreiten einer Brücke, die am Anbeginn der Zeit gebaut worden war.

Kurze Zeit nach meinem Besuch erfuhr ich, dass er gestorben war.

Epilog

SICH HIER AUF DER ERDE UMWENDEN HEISST, SICH GOTT zuzuwenden. Das Umwenden hat Gott uns gegeben, damit wir es dieser Erde bringen.

Einmal, als ich in England lebte, hatte mein Auto eine Panne am Straßenrand. Ich sah eine Frau, die die gleiche Straße entlangging. Wo ging sie hin? Mitgefühl ist Handeln ohne Urteilen. Also handelte ich.

Ich rief ihr zu: »Was tun Sie hier auf dieser Straße?« Und ich sagte ihr nicht, dass das möglicherweise die Straße der Wahrheit war.

Ich saß am Straßenrand, sie kam und setzte sich neben mich. Ich fragte sie, wohin sie gehe. Einen Augenblick lang konnte sie nicht einmal antworten. Dann erzählte sie mir, dass sie vergewaltigt und schrecklich verletzt worden war.

Wir teilten eine Weile die Stille, bevor ich sie ein weiteres Mal fragte: »Wo wollen Sie hin?« Sie sagte: »Ich will einfach nur nach Hause.«

Bildnachweis

Umschlag-Titelbild und Frontispiz vorne:
Reshad Feild / Chalice Verlag
Seite 161 / Frontispitz hinten: Helga Jacobsen
Seiten 14, 26, 68, 82, 86, 106, 132: Reshad Feild / Chalice Verlag
Seite 18: Diane Cilento / Beshara Publications
Seite 22: Cloister Recordings
Seite 46: Ellen Burstyn
Seite 56: www.aivanhov.de
Seite 130: Eleonore Schmid / Chalice Verlag

Der Chalice Verlag widmet sich
der Publikation des Werkes von Reshad Feild
und wertvollen Texten aus verschiedenen
spirituellen Traditionen

Unser Verlagsprogramm und weitere Informationen
finden Sie auf unserer Website

www.chalice-verlag.com

Weitere Titel
im Chalice Verlag

Der erste Teil der autobiografischen Trilogie: ein echter Klassiker der modernen spirituellen Literatur und eines der großen Selbstzeugnisse mystischer Sinnsuche, das in den vergangenen vierzig Jahren weltweit Hunderttausende von Lesern beeindruckt hat.

In dieser packend erzählten Geschichte begleiten wir einen jungen Engländer auf seiner abenteuerlichen Suche nach der wirklichen Bedeutung des Lebens und den allerletzten Wahrheiten. Unter der Führung des geheimnisvollen Antiquitätenhändlers Hamid, der sich im Laufe dieses ›metaphysischen Roadmovies‹ als ein strenger spiritueller Lehrer entpuppt, entwickelt sich Reshads Interesse an den Derwischen des Mittleren Ostens zu einer äußeren wie inneren Entdeckungsreise zu heiligen Stätten, weisen Menschen und tiefen Einsichten in die Wirklichkeit der Welt. Unter härtesten Prüfungen, die sein westliches Denken erschüttern, wird er in die inneren Lehren des Sufismus eingeführt und mit den Geheimnissen des Atems, der spirituellen Bedeutung der Jungfrau Maria und den gemeinsamen Wurzeln der jüdischen, christlichen und islamischen Traditionen vertraut gemacht. Schritt für Schritt beginnt er, die Heiligkeit allen Lebens zu verstehen, und erfährt die Liebe als die Erste Ursache der Schöpfung, bevor ihm schließlich die Erkenntnis der Einheit des Seins gewährt wird.

»Eine eloquente Orchestrierung, die von sehr hoher Kreativität zeugt« (*The Times*). »Wenn Sie sich für die Weisheit dieses Buches öffnen, wird es Ihr Leben verändern« (Ellen Burstyn).

ISBN 978-3-942914-11-6
216 Seiten

Die Fortsetzung von *Die letzte Schranke* ist ein weiterer faszinierender Bericht über die Suche nach der wahren Bedeutung des Lebens, eine spannende Reise in die Wirklichkeit und – eine bewegende Liebesgeschichte. Nach seiner Rückkehr aus der Türkei und der Welt des Sufismus trifft Reshad in England auf Menschen, die ihm auf seinem Weg der Transformation weiterhelfen und ihn tiefer in das Geheimnis des Atems einführen. Da ist Elizabeth, in strengem Tweed-Kostüm und »vernünftigen« britischen Schuhen, die sich als profunde Lehrerin herausstellt. Da ist die schöne, rätselhafte Nur, in die sich Reshad Hals über Kopf verliebt. Und da ist John, der weise Mystiker in Wales, der an Krebs stirbt und den beiden eindrucksvoll zeigt, wie ein wahrer Sufi bewusst loslässt, während er bei jedem Atemzug wach bleibt für die Gegenwart Gottes, an nichts mehr festhaltend außer am Wissen um die Liebe. »Dieses Buch ist die Geschichte einer Liebe – einer Liebe, die sich dem Tod stellt. Zu wissen und zu akzeptieren, dass dieser Körper stirbt, dass dies die einzige Zeit ist, die wir haben, ist die mächtigste Waffe, die wir jemals besitzen können. Mit diesem Wissen kann für uns ein leidenschaftliches Leben beginnen, in dem wir keinen Augenblick der kostbaren Zeit mehr vergeuden, die uns zugeteilt ist, und uns dankbar in die Unmittelbarkeit des Lebens stürzen. Wir arbeiten jetzt für die Zukunft der Menschheit, und wenn wir wissen, dass wir geliebt sind, wird die Zeit auf unserer Seite sein.«

ISBN 978-3-942914-12-3
180 Seiten

Der Atem ist vielleicht eines der größten Geheimnisse überhaupt. Wenn wir uns unseres Atems bewusst werden, erhalten wir die Fähigkeit, tiefgreifende Veränderungen hervorzurufen: in unserem Körper, unserem Geist und unseren Sinnen, aber auch in unserer unmittelbaren Umwelt. Was ist dieser Atem, der den Grund bildet für das Wunder des Lebens?

In diesem Klassiker der Atemliteratur gibt Reshad Feild, der bekannte englische Mystiker, spirituelle Lehrer und Bestsellerautor (*Die letzte Schranke – Ich ging den Weg des Derwischs*) wertvolle Gedankenanstöße und Übungsanleitungen zur Beleuchtung dieser zeitlosen, existenziellen Fragestellung.

Einen bewussten Atemzug zu tun, heißt, die Verantwortung zu übernehmen für diesen einen gegenwärtigen Augenblick – diesen einzigen Moment, der uns wirklich zur Verfügung steht. Das bewusste Atmen bringt die Dinge in Fluss, und dann erst kann wirkliche Veränderung geschehen. Wir müssen durch Erfahrung verstehen lernen, wie der Atem unser Leben buchstäblich umkrempeln kann.

Aus dem Inhalt: Atemthemen · Zeit zählt · Ein Gedanke im Geist Gottes · Die Triade der Freiheit · Erwartung · Reinkarnation und ewige Wiederkunft · Bestimmung · Sensibilität · Wie oben, so auch unten · Die Pforten-Übung · Stirb, bevor du stribst · Das Licht jenseits der Sonne · Der Mutteratmen.

ISBN 978-3-905272-15-4
156 Seiten

Das Buch enthält einen Schatz an tiefen Einsichten aus spiritueller Perspektive in das große Mysterium des Atems. Inspirierende Vorträge, praktische Übungsanleitungen und eine Auswahl poetischer Texte aus unterschiedlichsten Traditionen laden die Leser ein, das Wunder des Atems auf vielen Ebenen zu erforschen.

Was ist dieser Atem? Welche Bedeutung liegt in diesem Leben spendenden Geheimnis? Wie wichtig ist das bewusste Atmen für echte spirituelle Transformation? Was sagt uns die Tatsache, dass unser Leben all seine Möglichkeiten zwischen einem Einatmen und einem Ausatmen entfaltet? Wie hängt das alles mit dem Rhythmus des Universums und der Zeit zusammen? Welche Rolle spielt der Atem im »Werden des Seins« aus dem immerwährenden ›Schoß des Augenblicks‹? Wie können wir Nahrung einatmen und sie ins alchimistische Exilier destillieren, das wir für die nachhaltige Verwandlung unseres Lebens brauchen? Wie können wir ausatmen, um die Atmosphäre in einem Raum oder in einer Situation zu verändern, in Verantwortung für unsere Mitmenschen und für die »kommende Welt«? Was könnte es bedeuten, dass Jesus »auf dem Wasser wandelte« und dass »Atem und Geist eins sind«? Welches ist die esoterische Beziehung zwischen Maria, Jesus, dem Geist Gottes, *Ruh Allah,* und Christus?

Vor dem Hintergrund seines lebenslangen Studiums der großen spirituellen Traditionen der Menschheit und insbesondere der inneren Essenz der Sufi-Lehren liefert uns der Autor Gedankenanstöße und praktische Tipps zur Atemarbeit in unserem Alltag.

ISBN 978-3-942914-09-3
172 Seiten

»Ein spirituelles Leben zu führen, heißt, ganz natürlich und normal zu leben und nicht dauernd zu versuchen, vor dem Leben zu fliehen. ›Natürlich‹ meint das Gleiche wie ›spirituell‹, und beides bedeutet, mit dem Fluss des Lebens selbst eins zu sein. Ein spirituelles Leben zu führen, heißt, dem Ewigen zu gestatten, sich durch uns im gegenwärtigen Augenblick zu äußern, ohne es allzu sehr von unseren inneren Schleiern färben zu lassen. Diese Schleier verzerren die Erscheinungsformen und blockieren den Fluss der Essenz, die sich manifestieren möchte.«

Aus dem Inhalt dieser *Vorträge über das Abenteuer der Selbstfindung:* Die Frage stellen · Die Suche nach Identität · Die Notwendigkeit wirklicher Veränderung · Bewusste Liebe · Erinnerung, Meditation, Vertrauen und Dienen · Freiheit · Der Pfad der Rückkehr · Notwendigkeit des Willens · Demut und das Wirken der Liebe · Entscheidung · Einstimmung · Der einzige Zweck der Liebe ist Schönheit · Nahrung · Der Atem · Erkenntnis der Wahrheit · Bewusstes Leiden · Lieben · Verlangen · Trennung überwinden · Das Fixieren von Gold im Herzen · Hindernisse für die Transformation · Das Werk beginnen · Transformation und Energien · Sein und Aufnahmefähigkeit · Muster · Dem Gast dienen · Gemeinschaft · Brüderlichkeit · Gebet · Stirb, bevor du stirbst · Gotteserkenntnis · Der Pfad des Mystikers · Symbolik der Hochzeitszeremonie · Grenzen des Verstandes · Erschaffung der Seele · Alchimie des Herzens.

ISBN 978-3-905272-14-8
184 Seiten

Die innere Arbeit – Studienmaterial einer lebenden esoterischen Schule Band I bis III

Mit diesen grundlegenden Studientexten von Reshad Feild bietet der Chalice Verlag zum ersten Mal einem breiteren Publikum Einblick in die Arbeitsweise einer lebenden esoterischen Schule. Das dreibändige Werk mit insgesamt 1200 Seiten und zahlreichen Abbildungen ist eine zweisprachige Sammlung von Textmaterial, welches bisher ausschließlich Initiierten vorbehalten war, und stellt ein eindrückliches Zeugnis der über vierzigjährigen, weltweiten Lehrtätigkeit des bekannten englischen Autors dar.

»Als Erstes muss man verstehen, dass auf dem Weg der Lehrer den Schüler auswählt, und nicht anders herum. Es ist deutlich zu erkennen, dass dies die Umkehrung des üblichen Schulsystems ist, wo wir sozusagen ›bekommen, wofür wir bezahlt haben‹.«

»Ich betrachte ›für die Eingeweihten oder die Vorbereiteten‹ als die beste Definition des Begriffs ›esoterisch‹. In anderen Worten: Eine esoterische Schule besteht für bestimmte Typen von Menschen, die an einer besonderen Art von Wissen interessiert sind, und in diesem Fall ist es – natürlich – die Kenntnis seiner selbst. Bis zu diesem Ziel gibt es offensichtlich viele Etappen und ebenso viel zu opfern wie zu lernen und zu studieren. In dem Moment, in dem wir auf eine solche Schule treffen, ist es fast so, als ob wir alles aufzugeben hätten, von dem wir dachten, es sei für uns wirklich, da sie auf nichts Geringerem basiert als der Universellen Liebe.«

ISBN
978-3-905272-21-5
400 Seiten · € 35,–

ISBN
978-3-905272-22-2
400 Seiten · € 36,–

ISBN
978-3-942914-01-7
424 Seiten · € 36,–

Diese reich illustrierte Neuausgabe der fesselnden Lebensgeschichte des kompromisslosen Sinnsuchers, inspirierenden Denkers und kreativen Wissenschaftlers John G. Bennett zeichnet ein spannendes Historienbild der spirituellen Strömungen des zwanzigsten Jahrhunderts. Nach einem prägenden Nahtoderlebnis im Ersten Weltkrieg lernt »JGB« bereits als junger Leiter des britischen Geheimdienstes in Istanbul, am Brennpunkt zwischen Ost und West, den Sufismus kennen und seine späteren Lehrer P.D. und Madame Ouspensky sowie den rätselhaft genialen G.I. Gurdjieff. Auch während seiner weiteren beruflichen Karriere – als Rechtsvertreter der osmanischen Sultanserben, als Mathematiker an der einheitlichen Feldtheorie, als Forscher in der Kohleindustrie und als innovativer Bildungsreformer – sucht Bennett unerschrocken weiter und fragt intelligent und respektvoll, mit universaler Bildung und gesundem Menschenverstand nach der gemeinsamen innersten Wahrheit aller Religionen. Seine jahrzehntelange Lehrtätigkeit und seine bahnbrechenden Schriften beeinflussen Tausende sinnsuchender Menschen und machen östliche Meister wie Pak Subuh, Shivapuri Baba, Idries Shah und Hasan Shushud im Westen bekannt. Schließlich findet Bennett, am Ende seines hier mit beeindruckender Ehrlichkeit bilanzierten Lebens, den Weg zur absoluten Befreiung.

ISBN 978-3-942914-02-4
525 Seiten

Sex ist eine der machtvollsten Kräfte in unserem Leben, und doch vermögen nur die wenigsten Menschen, ihn ganzheitlich zu betrachten. Weit über Fortpflanzung und Vergnügen hinaus kommt ihm besondere Bedeutung für die spirituelle Transformation des Menschen zu. Suchenden, denen sich zu diesem Thema schwierige Fragen stellen, bietet dieses Buch neue Denkanstöße und überraschende Blickwinkel auf eines der größten Wunder und tiefsten Rätsel der Schöpfung. In diesen zusammengestellten Auszügen aus seinen Vorträgen behandelt der Naturwissenschaftler, Philosoph und spirituelle Lehrer Bennett Themen wie den Ursprung der Sexualität, ihr Verhältnis zur Liebe, die Bedeutung des Geschlechtsakts, die komplementären Rollen von Mann, Frau und Kind, Ehe und Partnerschaft, Fortpflanzung, Elternschaft, Kreativität, »negativen Sex« sowie psychologische und gesellschaftliche Aspekte.

»Die innere Spaltung des Menschen ist die Trennung seiner geistigen und materiellen Hälften. Sie führt zur Unzufriedenheit und Suche, die seine Transformation erst ermöglichen. Die wirkliche Freude am Sex liegt weder in gedanklicher Stimulation noch in emotionaler Erregung, sondern in verbesserter Klarheit, Kraft und Stärke der Erfahrung auf allen Ebenen. Im Geschlechtsakt können wir wahrhaft wir selbst sein, und dies sollte uns in Sachen Sex sehr feinfühlig machen.«

ISBN 978-3-942914-06-2
120 Seiten

Das Johannesevangelium ist einer der bekanntesten und schwierigsten Texte des Neuen Testaments und hat mit seiner poetischen Schönheit und tiefen Spiritualität bereits viele Interpreten beschäftigt. Von besonderer Kraft und klarer Vision ist die Deutung von Johannes Scotus Eriugena, des irischen Weisen aus dem neunten Jahrhundert. Seine *Homilie* über den Prolog dieses Evangeliums, die im Mittelalter sehr einflussreich war, ist eines der frühesten Zeugnisse keltisch-christlicher Mystik und deutet die Schrift außergewöhnlich originell und inspiriert. Auf den Schwingen des Adlers (dem traditionellen christlichen Symbol für Johannes) trägt Eriugena den Leser empor und lässt ihn den Ursprung des Universums und sein eigenes Wesen aus einer Perspektive schauen, die weit über die Welt der Erscheinungen hinausgeht. Für Eriugena ist Gott transzendent in Seinem unerschaffenen Wesen und gleichzeitig immanent in Seiner erschaffenen Natur. Diese hat sich im Anfang von Gott entfremdet und ist nun aufgefordert, zu Ihm zurückzukehren. Jesus, das Fleisch gewordene Wort, erinnert den Menschen an sein wahres Wesen und seine Bestimmung zur Rückkehr in die Einheit allen Seins.

Dieses Buch erschließt die *Homilie* Eriugenas in der wunderbaren Übersetzung und mit den ausführlichen Reflexionen von Christopher Bamford, dem renommierten Autor und Herausgeber auf dem Gebiet der westlichen Spiritualität.

ISBN 978-3-905272-86-4
224 Seiten

Guter Geschmack will gelernt sein: *Le bon-goût s'apprend.* Das gilt insbesondere für das spirituelle Schmecken der Einheit des Seins. In dieser einzigartigen Anthologie beschreiben liebestrunkene Sufis, wahrheitshungrige Gnostiker, erkenntnisdurstige Geisterseher und verschmitzt-weise Skandalgurus, hingebungsvolle Brotbäcker, humorbegnadete Geschichtenerzähler, ägäisverzauberte Lebensreisende und extremfastende Meisterspione Möglichkeiten und Wege, das Feine vom Groben zu unterscheiden, das Obere mit dem Unteren zu verbinden und so die scheinbare Trennlinie zwischen dem Körperlichen und dem Spirituellen zu überwinden. Wenn wir die ›Küchenarbeit an uns selbst‹ in der richtigen, nämlich dienenden Haltung angehen, kultivieren wir in uns diesen guten, feinen Geschmack für die Nähe Gottes. Bewusstes Kochen und Gekochtwerden lässt uns die Heiligkeit in der Transformation von Äußerem und Innerem entdecken.

Neben Ausgesuchtem von Jalaluddin Rumi, Bahauddin Walad, Hafis, Khalil Gibran, Bulent Rauf, Reshad Feild, Muzaffer Ozak, G.I. Gurdjieff, P.D. Ouspensky, Idries Shah, Osho, Scotus Eriugena, Emanuel Swedenborg oder Henry Miller finden sich hier zum ersten Mal auf Deutsch vorliegende Trouvaillen von Annemarie Schimmel, Muhyiddin Ibn Arabi, John G. Bennett, Christopher Bamford und Paul Dukes.

ISBN 978-3-942914-20-8
324 Seiten